马骁 李秀婷 陈文魁 ◎编著

红旗出版社

图书在版编目（CIP）数据

货币／马骁，李秀婷，陈文魁编著．
—北京：红旗出版社，2012．9
ISBN 978-7-5051-2352-6

Ⅰ．①货… Ⅱ．①马 … ②李 … ③陈 … Ⅲ．①货币－通俗读物 Ⅳ．① F82-49

中国版本图书馆 CIP 数据核字（2012）第 225003 号

书　　名：货　币
编　　著：马　骁　李秀婷　陈文魁

出 品 人：高海浩　　　责任校对：王　娜
总 监 制：徐永新　　　封面设计：红汇·一品
责任编辑：李少军　邱晶晶　　　版式设计：王　飞

出版发行：红旗出版社
地　　址：北京市沙滩北街2号
邮　　编：100727　　　编 辑 部：010-51631884
E-mail：hongqi1608@126.com　　　发 行 部：010-64024637
欢迎品牌图书项目合作　　　项 目 部：010-84026619
印　　刷：北京中印联印务有限公司

开　　本：787毫米×1092毫米　1/16
字　　数：191千字　　　印　　张：14.5
版　　次：2012年9月北京第1版　　2012年9月北京第1次印刷

ISBN 978-7-5051-2352-6　　　定　　价：29.00元

引言

INTRODUCTION

小品《不差钱》中有一段著名的对话。

小沈阳："人生最大的痛苦是人死了，钱没花完。"

赵本山："人生更大的痛苦是人还没死，但是钱已经没了。"

按照中国人的思维与逻辑，这些话听起来好笑，但仔细想起来，却有几分道理。

当今时代被称之为"金钱时代"、"资本时代"，拜金主义者振臂高呼："有钱能使鬼推磨"，"没有金钱是万万不能的"。我们一边猛烈抨击这些拜金主义者，一边反复扪心自问：为什么越贫穷挣钱越难？钱多，就幸福吗？但现实中这种"拜金分子"似乎到处都是。你可以说这是时代的悲哀，但也不难体会到货币的价值。

货币，俗称钱，作为交换媒介，我们天天都用，作为欲望的载体，人们须臾难离开。是金银、股票、债券？还是权力、梦想或自由？关于钱，我们究竟知道什么？在世界经济形势风云变幻、国内通胀压力居高不下的背景下，我们又该知道些什么？

正确认识货币，才能通过制定合理的理财规划，进而实现人生的财务自由。面对既熟悉又陌生的货币，本书立足百姓视角，深入解读货币的"基因"和"密码"，讲述老百姓最想知道的关于货币的"细节"和"道理"。

目 录
CONTENTS

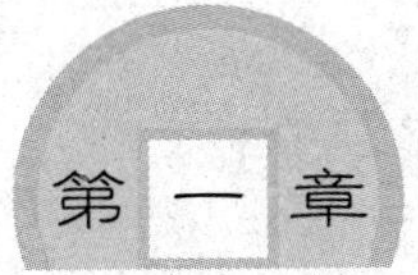

第一章 货币的历史影像

追溯人类历史的长河，我们不难发现，货币与人类的发展休戚相关。这个地球的每一个角落的东西都和货币有着千丝万缕的联系。中国在货币史上因为“交子”的出现成为了世界上最早使用纸币的国家。货币起源和发展的每一个细节都将让我们感受到人类文明的进步。

- 没有货币的时代，人们是如何交易的？
- 货币是怎样演变的？
- 我国最早的纸币是怎样出现的？
- 国外主要货币上印些什么图案？
- 货币会逐渐走向消亡吗？

1.

没有货币的时代，人们是如何交易的?

如今，人们已经习惯了用现金和各种信用卡的消费方式，几乎所有的商品和服务都可以毫不费力地用货币购得。这一切在我们看来都再自然不过了。然而，不知你是否曾想过这样一个问题：“没有货币的时代，人们是如何交易的？”我们希望通过这个问题：开启这扇了解货币的大门，为您逐步解读货币的密码，揭示货币背后的故事。

用货币交换绝非自古而然，货币的出现和发展经历了一个漫长的过程，见证了人类成长的足迹，是人类文明和社会生产力发展的必然产物。

在原始社会早期，人类的生存能力十分薄弱，为了生存下去，人们只能以氏族部落为单位，过着群居的生活，依靠集体的力量捕食和抵御自然灾害。那时生产力极度低下，劳动工具十分简陋，只能依靠集体劳动获得有限的生活资料，由氏族部落首领平均分配给全体成员，勉强维持生命。在这种生活资料极度匮乏的年代，人们没有可以交换的东西，当然也就没有对货币的需求。

随着生产力的发展，人类生存能力提高，人们在满足自身生活必需之外，有了剩余产品，这就产生了交换的需要。比如，甲部落擅长捕猎，每天都有剩余的肉食，但是比较缺少水果，而乙部落精于采摘，每天都有多余的水果，又不能存放，随着两个部落的剩余产品越来越多时，两个部落自然会想到互通有无，用水果和肉食交换。这就是最原始的交易。最初是部落之间通过各自的氏族首长来进行交换，而且所交换的东西是

公共财物。随着社会生产力的进一步发展，出现了人类历史上第一次社会大分工，即农业和畜牧业的分离，劳动生产率有了明显提高，随着私有财产的出现，个人之间的交换越来越占优势，逐步取代了公共物品的交换。交换的物品，就是商品，而且参与交换的商品也越来越多了。此时，为了方便交易，人们约定了固定的时间和地点来交换，这就产生了集市。《易经·系辞下》中记载："日中为市，致天下之民，聚天下之货，交易而退，各得其所。"它生动地描述了当时人们交换的场景，传说炎帝神农教人们种田和养殖后，人们的生活逐渐好起来，出现了剩余产品和社会分工，有的种五谷，有的狩猎，有的捕鱼，有的制陶。有一天，炎帝问大家，还有什么不顺心的事？有位长者说，现在生活好多了，就是有些单调，有肉没鱼，有饭缺菜，要是能互相交换些东西就好了。于是炎帝让大家把多余的东西拿出来交易，时间定在每天太阳当顶时，由此形成集市。不用自己生产某种东西，而是通过交换各取所需，生活从此变得丰富多彩，这就是市场交易这个伟大发明的神奇力量！

物物交换虽然极大地丰富了人们的生活，但困难也很多，越来越难以满足人们的生活需要。首先，物物交换中价值计算过于复杂。交易中，一种商品可以和多种商品交换，比如一只羊，可以换四十斤米或五张兽皮、六把斧头、一枚美丽的贝壳，也可以换半块拳头大小的铁；而一张兽皮，又是和五分之一只羊、八斤米或一把半斧头等价。商品价值的计算和比较，在物与物的直接交换中是多么不方便！

其次，物物交换还带来流通的不便，有时甚至会导致交易的失败。倘若以羊换斧头，以斧头换羊，双方按等价成交，那自然很方便。但这种情况并不经常碰得到，更多的倒是按各自的需要。比如说，有人想用羊去换麻布，但有布的人不想要羊，而需要粮食，粮食所有者却不需要羊，而需要茶叶，在这种情况下，有羊的人想要得到自己所需要的布，就必须把羊换成茶叶，再用茶叶换成粮食，然后再用粮食去换布。这样几经周折，才能达到预期交换的目的。假如这时有茶叶的人也不需要羊的话，那有羊的人还要经过更长、更多的交换程序才能达到目的。有时候，人们往往费了很多的周折，但仍然无法换到自己想要的东西。可见，商品交换越发展，物物交换的困难就越多。

物物交换尽管是那么不方便，却经历了比使用货币悠久得多的历史。后来，人们从无数次的交换经验中知道，先把自己手中的商品换成一种比较容易被别人接受的商品，比如羊或贝壳，再拿羊或贝壳去换自己所需要的商品，交换就比较容易成功。这样就解决了物与物直接交换的矛盾。通过不断地筛选，人们逐渐从许多商品中选出一种交换频繁并得到公众接受的产品，所有的商品都用这一种商品来表现自己的价值。这种商品就是一般等价物。由于一般等价物能够直接同其他一切商品交换，原来的物物交换就变成了由一般等价物做媒介的商品交换。

我国历史上，曾经有很多商品充当过一般等价物，如贝、玉、刀、铲、纺轮、弓、箭、皮、帛、牛、马等，都曾在不同的民族和地区使用过。但到后来，有的由于计数不方便，有的因为在流通过程中容易损坏，有的则因笨重而不便携带，终于被逐渐淘汰，只有贝依旧被使用着。

贝之所以最早被选择为货币绝不是偶然的。首先，贝壳具有美丽的形态、斑斓的花纹和滋润的光泽，是大家都喜爱的装饰物，一度又是美好的象征，被看做是避邪品或吉利的护符。其次，它又可以一只一只计数，加加减减方便；坚固耐用，不易损坏；轻巧灵便，携带不觉累赘。根据历史的记载，在距今三千多年前的商代，贝已经被当做货币使用了。人们贮藏它，借贷它，拿它做买卖，还把它作为贵重的贡献物或赏赐品。从出土的青铜器上的铭文看，当时帝王赏赐给臣子的物品中，最常见的就是贝。我们所熟知的汉字中，凡是同财富有关的字，几乎都带着贝，如财、贫、贪、货、贵、贱、赏、赐、贡、贺……

这种固定地充当一般等价物的特殊商品称作货币。货币产生后，整个商品世界分成两极：一极是货币，另一极是各种各样的商品，货币成了价值的代表，能够直接同其他一切商品相交换，从此，货币进入了人们的生活。

2.

货币是怎样演变的?

现在我们知道了，货币并非自古就有，而是经历了物物交换、一般等价物和固定的一般等价物三个阶段。贝壳是货币，金银也是货币，我们现在经常使用的纸币也是货币，那银行储蓄卡、信用卡是货币吗？货币是如何从贝壳等实物演化成今天所使用的纸币的？将来货币形式又会有怎样的变化呢？

为了更容易理解，首先向大家介绍一下货币的基本职能。货币主要有两大基本职能，价值尺度和流通手段。所谓价值尺度，就是指货币充当衡量商品所包含价值量大小的社会尺度。我们通过一件件衣服的标价，就知道该件商品大概的价值，同样我们可以通过家用电器的报价，了解到它的价值。我们甚至还知道衣服和家用电器的价值差异。这就是价值尺度，货币能将看不见的价值直观地表现出来。货币的另一个基本职能是充当流通手段，指的是货币作为商品交换的媒介，即购买手段的职能。通俗地说，就是一手交钱、一手交货。只要有货币，就能买到别人出售的任何东西。

从货币的两大基本职能出发，我们可以这样理解，货币的形态并不是一成不变的，在历史上各个不同的时期，即使在同一时期，由于情况的不同，货币也可以采用不同的形式。唯一不变的是货币的功能，人们只是根据自己的喜好选择不同的东西并赋予其货币的功能。它可以是实物，可以是金银，也可以是纸张塑料，甚至可以只是一串数字或符号。

有了这样一个观念，我们便可以很好地理解货币的演变过程。

萌芽阶段：实物货币

货币是从商品中分离出来的，固定充当一般等价物的商品。所以，货币的前身应该是一般等价物，它可以是粮食，也可以是一只羊。但普通的一般等价物还是不方便，不能满足人们越来越丰富的需求，人们需要找一种大家都认可的实物充当一般等价物，这就是实物货币。在中国历史上，龟壳、海贝、蚌珠、皮革、齿角、米粟、布帛、农具等都曾作为实物货币被使用过。通常，实物货币需要具备这样的条件，即它应是外来品（稀有）或者是内部普遍使用的资产（象征财富）。既然要大家都接受，那一定是好的东西，既有较高的价值，又美观。人都喜欢美好的事物，自古而然。

但是，随着交易的不断扩大，一个部落喜欢的东西和另一个部落喜欢的东西很可能不一样，这样就没法交易。为此，邻近的几个部落之间就想找一种各个部落都能接受的实物来充当货币。这样，人们交易范围不断扩大，也就需要不断寻找更大范围内认可的实物充当货币。另外，实物货币有它不可克服的缺点，它们或体积笨重、不便携带；或质地不均、大小不一、难以分割，这就导致了可以用质地不一样的货币去买同样的东西，这样当然有失公平，而且不能像今天一样找零钱，很不方便。正是这些缺点，我们就能理解，随着商品交换和贸易的发展，实物货币被金属货币所取代是必然的趋势。

起步阶段：金属货币

金属货币的出现和生产力的发展是分不开的，当人们掌握了一定的铸造和冶炼技能后，很容易想到用金属来做货币。最早是用一些贱金属，如铁或者铜，后来为适应社会交换的发展又逐步向贵金属（如金、银）

过渡[1]，并最后固定在金银上。正如马克思所说，“货币天然不是金银，但金银天然是货币”。金属货币所具有的价值稳定、易于分割、便于储藏等优点，确非实物货币所能比。

人们最初使用的都是金银条块形式，这样，每次商品交易都需鉴定其成色和分量以保证金银条块的价值，十分不便。为了交换的方便，逐渐产生了具有一定形状、重量、成色和标明额面价值的金属铸币，这种铸币刚开始是由一个区域中非常有信用的名门望族铸造，但是不同区域之间交换时，还需要检验成色。最后逐渐由国家铸造，作为法定的货币在市场上流通，避免了每次交易时都要检验成色的繁琐。我们经常能在古装电视剧上看到，银子都是元宝形状，每个元宝都能看出是官银还是私银，而且都按照固定的重量分类，那些切割剩下的边角，就是一些碎银子。金银成了人们最喜欢的货币，也是当时最合适的。那为什么后来金银会被纸币所取代呢？最大的原因就在于，金银越来越难以胜任货币的流通功能。尤其是在西方工业革命后，人类生产力极大提升，社会财富空前积累，交换也就非常发达，对金银的需求量猛增，而金银的产量却受天然储备和开采技术的限制，难以满足人们不断扩张的生活需求，最终被纸币取代。毫无疑问，金银的出现极大地方便了人们的交换，推动了社会的发展。我国从商周时期就开始使用金属货币，直到民国时期。直到现在，金银仍然是财富的象征，人们对金银有着不一般的情结，仍有人呼吁重回金银本位时代。

发展阶段：信用货币

实物货币、金属货币的选择，都是一些本身具有价值的商品，人们一直有这样的逻辑，只有本身有价值的东西才能衡量其他商品的价值。

[1] 这里的贵贱指的是当时的稀有性和开采的难度，和现在的价值不一样，曾经铝的价值就高于金银。

同时，人们发现，铸币在长期流通过程中逐渐磨损，由足值的货币变成不足值的货币，但这种不足值的货币也能和足值的货币一样流通。这就给人们一个启示，在交换中，我们可能需要的只是一个计价工具，或者说是一个符号，只要它能充当货币的流通手段和价值尺度功能，而且大家又都认可就行。至于货币本身有没有价值并不重要，只要它能代表价值就行。这样就出现了以纸币为代表的信用货币，代表金属执行流通手段和价值尺度职能。

信用货币是凭国家信用发行并强制流通的价值符号，不需要贵金属作为发行准备，也不能与贵金属相兑换。我们现在使用的纸币就是典型的信用货币。早在金属货币流通时期，信用货币就产生了，早期的商业票据、纸币、银行券都是信用货币。不过，信用货币最初是可以兑换为金属货币的，以后才逐渐过渡到部分兑现和不能兑现。

信用货币有这样几个特点：第一，信用货币只是货币的价值符号。第二，信用货币是一种债务货币，是持有者对发行者的一种债权。我们手里的人民币就代表着对中国人民银行的债权，相当于是人民银行借我们钱后给的一种凭证。第三，靠国家的信用流通，为了保证这一点，现在都是国家管理和控制。

纸币的出现虽然极大地方便了人们的交易，但由此却可能带来另一种恶果。由于货币只是一种符号，这种符号的价值由货币发行者即政府所掌握，政府就可以通过控制货币的发行量来控制我们手中的财富。简而言之，政府发行纸币过多，我们的纸币就贬值，能买的东西少了，通货膨胀来了。反之，货币就升值了，我们能买的东西就多了，但是商人可能要吃亏了，因为他们赚的少了。现实中，如果政府对这个度把握不好，就会出现通货膨胀和通货紧缩，加剧经济的波动，世界经济就变得更加复杂了。

高涨阶段：电子货币

第二次世界大战以后，随着信用制度的发展和电子科学技术的广泛应用，货币形式也逐渐从有形到无形。一些发达国家在广泛使用支票和信用卡的基础上，相当一部分交易都是通过银行电子计算机网络转账结算的，这种贮存在电子计算机中的存款货币，就是电子货币。电子货币是一种纯粹观念性的货币，不需要任何物质性的货币材料。我们常见的电子货币主要有以下几种形式：借记卡、贷记卡等；储值卡（如电话 IC 卡、IP 卡、金龙卡、公交 IC 卡等）；电子现金（如游戏币）；电子支票；等等。我们已经进入了“卡时代”，我们钱包里的现金越来越少，但是卡却越来越多。在传统信用货币阶段，我们还可以看到符号，看到纸币，但是到了电子货币阶段，我们连符号都看不到了。

未来趋势：数字货币

货币的未来会是什么样子？我们都很难猜测，现在有种说法：货币未来的方向是数字化、信息化。取代金属货币的纸币虽然没有价值，但是货币仍然找到了一种实物载体，包括各种卡。而到了数字货币时代，货币完全以价值符号的数字式信息形式存在，其基本特征是，货币本身不是物理实体，也不是以物理实体为载体，而是用于网络投资、交易和储存，代表一定量财货的数字化信息。而非数字化数字货币则是以某种介质为载体、存储于指定账户、代表一定量的现行法定货币（纸币）的一种交易工具。我们没有纸币，没有卡，有的只是一组数字。是不是这样呢，就让我们拭目以待吧！

这就是货币的演变历史，大家可以了解到，原来货币是可以多种多样的，即使在现在，电话卡、公交卡等也可以有货币的功能。因此，知道钱、了解钱的演变并不是专家的专利，每个老百姓都应该去了解，这和我们的日常生活息息相关。

3.

我国最早的纸币是怎样出现的?

欧洲最早使用的纸币是1661年由瑞典银行发行的，不过那时发行纸币只是权宜之计，并不是作为真正的货币。1694年，英格兰银行创立，开始发行银单。银单最初是手写的，后来才改为印刷品。

世界上最早使用纸币的国家是中国，约在公元10世纪，也就是北宋时期。纸币在北宋的四川出现并不是偶然的，最主要的原因是当时四川的经济发展已经到达了一个纸币应当出现的临界点。在北宋时期，四川的税赋当中，工商业的税收超过了农业税，这在一个以农业为主的封建社会是极不寻常的表现，反映出四川当时的商业已经达到了很高的发展程度。但是令人奇怪的是：整个大宋国竟然分好几个独立的货币区。就拿四川来说，它属于是铁钱区。而在四川使用铁钱是非常麻烦的问题，原因就在于币值太小。当时一枚铜钱相当于十枚铁钱，每千枚铁钱的重量，大钱是25斤，中钱是13斤。买一匹布需要铁钱两万，重500斤。你可以想象一下，买一匹布需要赶着马车拉一车铁钱是多么不可思议。当然这对于市场经济来说，无疑是致命打击。这也从客观上催生了轻便的货币。

北宋初年，四川成都出现了为不便携带巨款的商人保管现金业务的“交子铺户”。存款人把现金交付给铺户，铺户把存款数额填写在用楮纸制作的纸卷上，再交还存款人，并收取一定保管费。这种临时填写存款金额的楮纸券便是最初的交子。

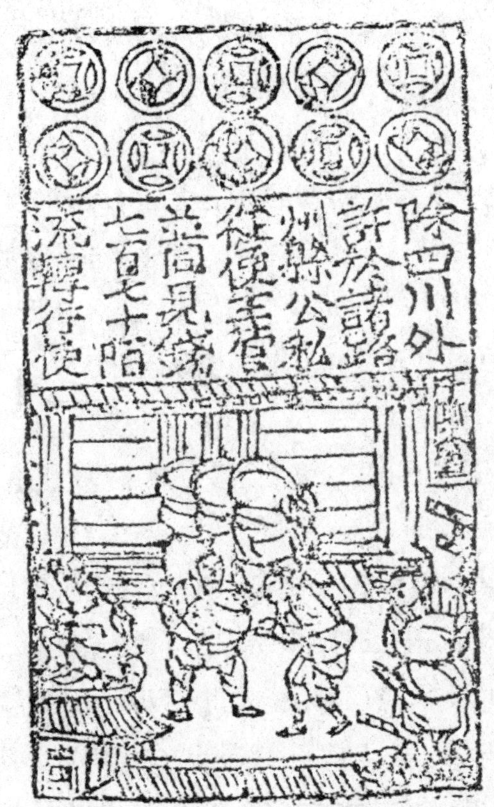

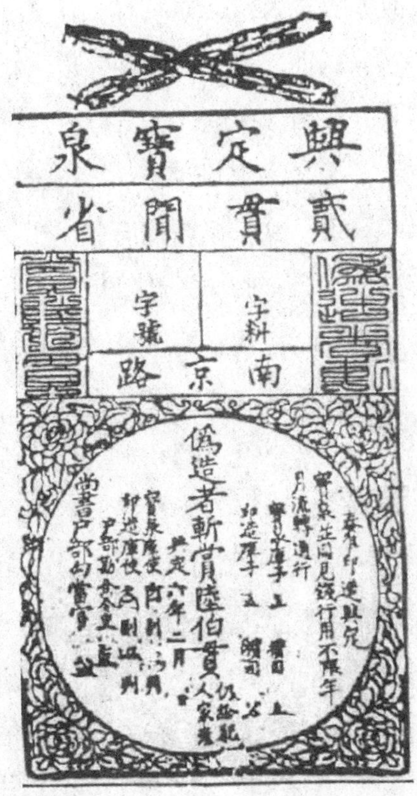

▲ 北宋“交子”

随着市场经济的发展，交子的使用也越来越广泛，许多商人联合成立专营发行和兑换交子的交子铺，并在各地设分铺。由于铺户恪守信用，随到随取，交子逐渐赢得了很高的信誉。商人之间的大额交易，为了避免铸币搬运的麻烦，也越来越多地直接用交子来支付货款。后来交子铺户在经营中发现，只动用部分存款，并不会危及交子信誉，于是他们便开始印刷有统一面额和格式的交子，作为一种新的流通手段向市场发行。正是这一步步的发展，使得“交子”逐渐具备了信用货币的特性，真正成为了纸币。

但是并非所有的交子铺户都是守法经营、恪守信用的。交子的发行和流通引起了官方的重视。有一些唯利是图、贪得无厌的铺户，恶意欺诈，在滥发交子之后闭门不出，停止营业；或者挪用存款，经营其他买卖失败而破产，使所发“交子”无法兑现。这样，当存款者取钱而不能时，便往往激起事端，引发诉讼。

于是在 1005 年，时任益州（今成都）知府的张咏选择了 16 家商号，统一发行交子，用政府信用支持商业信誉，获得成功。商业票据得以脱离发行商家的信誉和偿付能力作为通用支付手段，并且超出商家市场范围在政府管辖领地作为法定支付手段流通。1023 年，宋朝政府建立了专门的管理机构“益州交子务”。

“官交子”发行初期，其形制是仿照民间“私交子”，加盖本州州印，只是临时填写的金额文字不同，一般是一贯至十贯，并规定了流通的范围。宋仁宗时，一律改为五贯和十贯两种。到宋神宗时，又改为一贯和五百文两种。发行额也有限制，规定分界发行，每界三年（实足二年），以新换旧。首届交子发行 125.634 万贯，备本钱 36 万贯（以四川的铁钱为钞本），准备金相当于发行量的 28%。至此，“交子”被确认为世界上第一种纸币。尽管史书记载，中国早在唐朝时期就有商业票据作为货币流转，但得到政府背书并纳入正式发行才是货币史上的里程碑。

1068 年，宋朝丞相王安石以富国强兵为由推进改革，提升国家对政治经济的控制能力，发行纸币便成为重要的手段。他主张税赋货币化，增加铜钱生产并扩大纸币发行。王安石又通过国家管理机构发行了新的纸币“钱引”，辅以盐、茶等商品为依托的盐钞和以军需品为依托的各种代金券等多种纸币同时流通。这在当时一度造成了中国纸币发行的高潮。

但是封建政府往往不能有效地控制纸币的发行量，当出现巨额财政开支需要时，政府往往不能约束自己的行为，利用手中的权力，滥用公信力，无限制地发行纸币，最终混乱的发行体系和在外敌入侵下分崩离析的宋朝管理格局，不仅使王安石改革失败，而且导致政府信用崩溃，反而令民间出现长期“钱荒”。老百姓大量囤积铜钱，进一步加速了纸币贬值和经济萎缩。交子的命运证明了这一点。比如宋仁宗庆历年间益州交子务在陕西发行交子六十万贯，以支付粮草费，无钞本。官府也不再遵守每界固定的发行数额，而大量超额发行。为了满足陕西军情之需，一次多发的交子量竟会超过一界总量的数倍，甚至导致成都地区交子的缺乏，又要增造。其结果必然导致交子的通货膨胀和纸币信用的丧失。

北宋和南宋时期，各地都在商业发展和政治混乱中产生了各种商业票据的货币化现象。其中在杭州出现的“会子”，是商人交易中取钱的凭证，多为售货、赊账、典当等交易中形成，在民间流通，也取代了铜钱的功能。朝廷曾严令禁止，但效果不大。

1160 年，杭州知府钱端礼沿用交子的经验，干脆将会子收为官营，设立了会子库，将会子作为官方纸币发行并管理，在江南一带流通一时。宋朝衰退之后，金、元两朝政府更是以掠夺资源和财富为导向，变本加厉地发行“交钞”、“中统元宝交钞”等纸币，面值不断加大，价值不断降低。

在内乱、外战和严重通货膨胀的环境下，金、元两朝的整体经济已趋于崩溃，金银货币被藏入民间，纸币被广泛拒绝，有些民间市场竟然在元末时期倒退到物物交换的原始地步。1368 年，朱元璋建立明朝，立即明确恢复铜钱本位制度，苦于一时不能有充足的铜矿和钱币供应，不得不发行“大明宝钞”，但规定其在财政收支中，不能与铜钱和其他贵金属兑换。但经过三百年的无节制发行，中国民间对纸币已毫无信心，纸币不仅不能进入民间市场，在政府与军队中也被排斥。结果，惨淡维持了几十年后，于 1394 年被废止。早熟的中国纸币终于历经了四百年的跌宕起伏而告终。

经过由宋至明的四百多年实践，稳定的货币体系没有形成，一旦纸币膨胀，由纸币和贱金属铸币构成的货币体系便告瓦解，并给货币本身和相应的政治、经济、社会带来波动。然而商品经济仍在发展，流通中商品价值总额日益增加，货币受到的需求压力有增无减，建立稳定的货币体系的客观要求依然存在。但是，由于历代统治者利用纸币来满足巨额的宫廷消费、官吏俸禄和军费等财政性开支，无节制地发行纸币，最终导致通货膨胀、纸币贬值，乃至纸币制度的崩溃，从而加剧了封建统治危机。

值得回味的是，纸币的出现，促进了印刷技术的发展。纸币的问世，既离不开纸，更离不开印刷术，实际上，它是中国古代两大发明的一项副产品。“交子”的出现，便利了商业往来，弥补了现钱的不足，是我国货币史上的一大进步。此外，“交子”作为我国乃至世界上发行最早的纸币，在印刷史、版画史上也占有重要的地位，对研究我国古代纸币印刷技术有着重要意义。纸币的发行对北宋来说是一项重大创举，一方面有利于舒缓日益严重的钱荒，另一方面能够免除从事长途贩运的商人携带大量货币之不便。

当时，来中国旅行的意大利人马可•波罗和罗马教廷派往蒙古的使者卢伯鲁克，把中国市场上流通的纸币介绍给欧洲各国。他们发现，中国商业票据的支持者是政府，因而成为纸币；而西方同样的商业票据支持者则是发行的商家。几百年后，欧洲商业票据也转化成了纸币，但始终是建立在商业信用基础上，直到最近一百年才被各国中央银行加持追认。第一张欧洲纸币是由斯德哥尔摩银行（瑞典银行前身）在1661年发行的，不过，由于过度发行，无法用金属货币兑付而导致银行三年后停业。美国纸币是在17世纪90年代由殖民地银行首先发行，法国纸币则是在1717年才在苏格兰人约翰•劳的主导下由法国银行大量发行。

4.

国外主要货币上印些什么图案?

世界各国由于其历史、文化的各不相同，表现在钱币上的颜色、肖像以及总体设计千差万别。发生在钱币上的趣事和传闻也数不胜数。其实，看货币上的图案就可以了解这个国家的历史和文化。应该说，货币所反映出来的东西恰恰是历史沉淀的产物。

美国美元。美元已经成为世界上最稳定的货币之一，而历史上它也有过很不稳定的时候。事实上，在美元的作用增大以前，它必须遏制假币问题。在北美殖民地时代早期，印制美元很容易，当时有很多印钞厂，钞票的做工也不是很复杂，没有太多的防伪措施，因此，如何人为创造稀缺性呢？于是人们在钞票上印下“伪造者当诛”（To counterfeit is death）字样。当时所有 13 个殖民地都在它们的钞票上印了这句话，后来这句话最终被“我们信仰上帝”（In God We Trust）取代。在“我们信仰上帝”之前，实际上是“我们信仰死刑”。而不同美元则同时印有不同人物图案。1 美元印有乔治 • 华盛顿，他是开国英雄；2 美元印着托马斯 • 杰弗逊，他是美国第三任总统；5 美元印的是废除黑奴制的亚伯拉罕 • 林肯总统；10 美元印的是亚历山大 • 汉密尔顿，他是美国的开国元勋之一，第一任财政部长；20 美元印的是安德鲁 • 杰克逊，美国第七任总统；50 美元印的是尤利西斯 •S• 格兰特，美国内战联邦军总司令，第 18 任总统、陆军上将；100 美元印的是本杰明 • 富兰克林，实业家、科学家、社会活动家、思想家和外交家。

英国英镑。在英国，女王是最尊贵的象征，所以所有英镑的正面都是英国女王伊丽莎白二世，背面的图案则根据钱币的面值各有不同。5 镑背面是英国 19 世纪慈善家伊丽莎白·弗雷的肖像，左侧是她参加慈善活动的图案；10 英镑背面是英国 19 世纪生物学家查尔斯·达尔文的肖像；新版 20 英镑背面是著有《国富论》的经济学家亚当·斯密；50 英镑背面是英格兰银行第一任总裁约翰·霍布伦肖像，左侧是银行的看门人，后面是他的住所。其他系列的英镑都印有相应的人物：D 系列 1 英镑——大科学家牛顿；D 系列 5 英镑——让拿破仑“兵败滑铁卢”的威灵顿公爵；E 系列 5 英镑（1990 版）——发明蒸汽火车的史蒂文森；D 系列 10 英镑（1987 版）——现代护理事业的创始人南丁格尔；E 系列 10 英镑（1992 版）——文学家狄更斯，左侧是 1836 年举行的一场板球赛；D 系列 20 英镑（1984 版）——戏剧家莎士比亚塑像；E 系列 20 英镑（1991 版）——物理学家和化学家法拉第，左侧则是他在皇家学会演讲时的场景；D 系列 50 英镑——建造圣保罗大教堂的克里斯托弗·任恩。

德国马克。1000 德国马克的正面图案是约翰内斯·舍恩那头像，背面是林贝格大教堂；500 德国马克的正面图案是男人头像，背面是埃尔茨教堂；100 德国马克的正面图案是德国女钢琴家和作曲家舒曼·克拉拉头像，背面是钢琴图案；50 德国马克的正面图案是诺伊曼·巴尔塔扎头像，背面是教堂建筑；20 德国马克的正面图案是图切·埃尔斯贝特头像，背面是长笛和小提琴等，反映出德国人对音乐的极高造诣和热爱。

俄罗斯卢布。卢布上会印有叶卡捷琳娜女皇。在俄国历史上，叶卡捷琳娜女皇与彼得大帝齐名，这位俄国女皇，原为德意志一公爵之女，1745 年嫁给俄皇彼得三世·费奥多罗维奇。1762 年 6 月 28 日，叶卡捷琳娜二世在宫廷政变中废黜彼得三世，并登上皇位。她对外两次同土耳其作战，三次参加瓜分波兰，把克里木汗国并入俄国，打通黑海出海口，她建立了人类历史上空前绝后的俄罗斯帝国。票面设计精美，雕刻细腻，线条流畅，浮雕感强，把俄罗斯帝国女皇叶卡捷琳娜二世的庄重与华贵表现得淋漓尽致。

法国法郎。法郎的诞生有一段历史掌故。1356 年，正值英法“百年战争”正酣之际，法兰西国王让二世在法国西部的普瓦提埃一役中失利，被英军俘获，沦为阶下囚。英方提出了释放他的苛刻条件：交纳 300 万金路易，否则决不放人。让二世在伦敦被囚禁了 4 年之后，最终如数交纳了这笔巨额赎金，才得以返回法国。1360 年 12 月 5 日，获释后的让二世国王签署一道敕令，决定铸造含纯金 3.87 克的硬币来纪念这一历史事件。硬币的正面是让二世在战马上身披铠甲、手执利剑的英武形象，意为国王获得自由，返回法国。根据国王的旨意，这种新钱币就以“自由”命名。“自由”一词的法文是 Franc，音译为中文便是“法郎”。如果从 1360 年“法郎”金币的铸造算起，法郎作为货币至今已经有 650 多年的

历史，堪称世界上最古老的货币之一。

欧元纸币。欧元纸币共有5、10、20、50、100、200、500欧元7种面值，尺寸和颜色各不相同，但都无一例外地采用了正面为门窗图案、背面是桥形图案的设计方式，分别体现出了欧洲不同时期的建筑风格，代表了七个不同时期的欧洲文化历史。欧元纸币正面的拱门和窗户图案象征着开放和合作的精神，12颗星星围成一个圆圈，代表动力和欧洲国家的团结。纸币背面的桥形建筑代表着欧洲国家之间以及欧洲与世界的合作与沟通。纸币上的货币数额，后面分别用拉丁语和希腊语字母标注。此外，欧元纸币上还印有欧盟版图，并用BCE、ECB、EZB、EKT、EKP等5种欧盟使用的官方语言来表示欧洲中央银行的缩写字样，以及中央银行行长的签名。

日本日元。日元中的10000元图案为福泽渝吉，乃日本历史上著名思想家、哲学家，明治三杰之一。5000元图案为樋口一叶，她是十九世纪日本著名平民作家，是日本近代现实主义文学的早期开拓者。1000元图案为野口英世，乃日本著名的生物学家，他出生于农家寒门，童年时因意外导致左手伤残，但是他发愤学习，最终取得骄人成绩。2000元图案为日本最著名的一部古典文学名著《源氏物语》的绘卷。在旧版的日元里，5000元的钞票正面是大教育家新渡户稻造的头像，在历史上他曾以敏锐的思想为保守的日本人开凿了一条改革开放之路。1000元钞票的正面是小说家夏目漱石的肖像。

瑞士法郎。目前流通的瑞士法郎纸币是自1995年至1998年发行的10法郎、20法郎、50法郎、100法郎、200法郎和1000法郎六种面额。纸币图案采用竖式设计，正面人物是瑞士文化界的六位知名人士肖像，占整个票面的一半；背面是代表他们成就的若干个合成的图案。100法郎的正面是雕塑家和绘画大师阿尔贝托·贾科梅蒂的肖像。背面是贾科梅蒂的代表作：塑像《前进的人》、自传《梦·司芬克斯与T之死》插图。

尼泊尔卢比。钱币正面印有尼泊尔末代国王贾南德拉·比尔·比克拉姆，中间背景是鱼尾峰，左边背景建筑是尼泊尔中央银行总部办公大楼，右边背景是位于佛教圣地蓝毗尼的阿育王石柱，肖像右边的是尼泊尔中央银行 50 周年纪念标徽。2006 年 9 月 8 日发行的尼泊尔面值 50 卢比的钱币背面是一对雌雄尼泊尔国鸟——棕尾虹雉，背景是阿玛达布拉姆峰，在山的上方印有“尼泊尔中央银行金禧 2005 年”字样。据悉，棕尾虹雉又名“九色鸟”，因身上羽毛闪烁着彩虹般的金属光泽而得名，是雉科虹雉属的一种。

伊朗货币。伊朗末代国王穆罕默德·礼萨·巴列维时期的纸币，其背面印有卡拉杰坝。卡拉杰坝，即阿米尔－卡比尔坝，位于德黑兰市西北方向 63 公里处，1957 年兴建，1961 年建成。该坝主要用于防洪减灾，向德黑兰市供应饮用水，满足卡拉杰地区农业灌溉的需要，向国家电网供电。

斯威斯兰纸币。斯威斯兰早期纸币的正面是国王索布扎二世，背景是议会大厦。索布扎二世是该国独立后的第一任国王，执政 61 年之久，是世界上统治时间最长的君主之一。他有 120 个嫔妃和 1000 多个子孙。纸币的背面图像主题是王国的芦苇节。芦苇节，又称芦苇舞节，是斯威斯兰最为盛大的传统节日。每年 8 月，斯威斯兰都要举行芦苇节，这一节日不仅是庆祝少女成人的盛会，更是国王一年一度的选妃盛典。参加盛会的少女们身着五彩短裙，上身赤裸，手持一束芦苇入场。根据斯威斯兰王国的习俗，未婚女子在结婚前一定要保持处女之身，因此，所有参加这一盛会的少女必须是未婚的处女。

新西兰元 5 元面值纸币上的男子是埃德蒙·希拉里爵士，他和伙伴于 1953 年登上珠穆朗玛峰，是成功登顶珠峰的首批探险者之一。5 元纸币的颜色也暗示了希拉里当年登上珠峰时的艰难。1958 年，他还领导探险队第一次横穿南极洲。

冰岛克朗。克朗是冰岛的官方货币，在冰岛语中是“皇冠”的意思，纸币面额有 100 克朗、500 克朗、1000 克朗、2000 克朗、5000 克朗等。其中5000克朗面值的纸币上的人物是拉格希尔·荣斯蒂尔（1646–1715），她曾是两位冰岛主教的妻子，还是一位著名的裁缝。纸币背面是荣斯蒂尔正在教两名学生学习的情景。

5.

货币会逐渐走向消亡吗?

货币消亡这个问题，其实是马克思提出来的。马克思恩格斯曾经设想过，当人类社会进入到社会主义社会，社会上开始实行生产资料公有制，那时候美好的社会中，商品还需要用货币来计价了吗？答案肯定是不用。

从哲学的高度来看，货币是不以人们意志为转移而客观存在的。货币制度有其存在的合理性，社会经济生活离不开货币，货币的产生和发展都有其客观必然性。物物交换的局限性要求有某种商品充当共同的、一般的等价物，而金银的特性决定其成为货币的天然材料。作为货币的金、银等贵金属，便于携带、铸造和分割，大大推动了商品经济的发展。

从历史的角度来看，货币是历史的产物。它是从商品生产中产生的，随着商品生产的发展而发展。在现阶段，货币在经济活动的各个方面，仍发挥它的积极作用。但它也终将随着商品生产和私有制的消亡而消亡，到那时，货币将成为历史上的名词，人们只能从书本上和历史博物馆里看到它了。

从现实的角度来看，不管是消费资料还是生产资料都是完全的商品，货币都是本质上的货币，不是形式上的货币。货币处于普遍化阶段，而不是萎缩的阶段。从现实来看，不仅当代资本主义货币经济高度发展，而且现在社会主义货币经济也高度发达。

其实，关于货币的“去留”，主要有两种观念：一种是完全消除论，另一种是完全保留论。对于经典理论而言，社会主义的货币是会消亡的。很多学者倾向这一经典理论，接受货币的最终走向消亡观，既有这样的思潮，并产生重要影响，存在很多的追随者，至少说明大量社会问题的根本解决有赖于消除货币及其关系，消除观有着充分的存在依据。但是，从现实和实践角度出发，还是有很大一部分公众和学者普遍认为货币不能消亡，应当保留。这一观念又说明许多问题的回避、克服又依赖于保留货币及其关系，保留货币又有其必要性。

此外，还存在着一种比较客观、实际的“不完全消除”，亦即“部分保留”的观念。比如，在列宁实行完全消除货币的尝试失败后，斯大林曾经指出：消费品可以在市场上自由买卖，重要的消费品实行计划供应，生产资料不是商品，生产资料基本实行计划供应、不进行市场交换等思想，即是一种不完全消除货币及其关系，而有所保留的思想。其虽然不成熟，亦有诸多不到之处，但其思想是一种与人直接相关领域保留货币，不直接相关领域消除之的观念，其提出有着极大的进步意义，这一点是不能否认的。

追溯到更早的空想社会主义者莫尔，他考虑到国家间交往的必须性原则，在其所著《乌托邦》中指出，“国家间不能消除货币”，这

也是一种不完全消除货币的思想。

当我们在读马克思的著作时，虽然文章充满了消除货币观念，但他在对未来社会状况的描述和所面临问题的处理政策中，却隐含了不完全消除货币及其关系，而在与人直接相关领域有所保留的思想。这说明完全的、不加任何附加条件的货币消除政策是行不通的，特别是在当前我国社会主义市场经济的条件下，如果坚持货币消亡的观点，似乎不切实际。

通过货币来取代物物交换，是经济生活中最基本的规律，不论怎样按照自己的思路去创设一个“经济帝国”，其成败最终取决于是否合乎这样的规律而不取决于主观愿望。只有出现了另外一种交易媒介，能够以之更经济地解决整个社会庞大的交易需求，货币才会最终退出历史舞台。

但不管最终货币是否会消亡，在现实经济生活中，必须遵守经济规律，不能人为强行取消货币，否则只会导致经济混乱。上个世纪在共产主义发展的高潮阶段，对于是否应该保存货币的讨论一直不断，但谁也没有最终作出在社会主义国家可以取消货币的结论。也有莽撞地把货币取消了的，结果是经济乃至政治的崩溃。货币的出现是人类进步的一种标志。不管怎么说，货币的发展是遵循经济发展规律的，不以人的意志为转移。

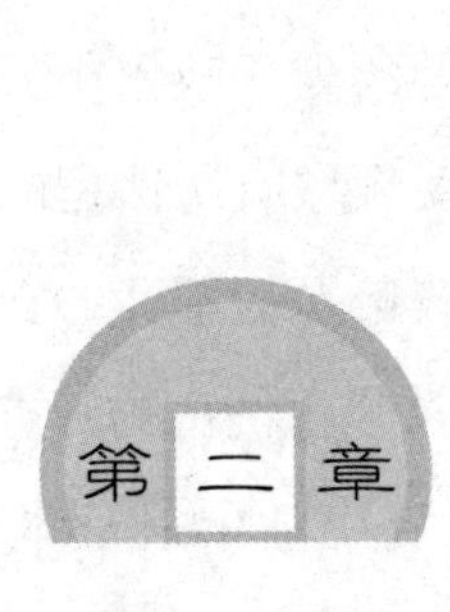

隐权力与显规则

作为易货媒介，货币呈现出纷繁多样的现象。但是货币显性规则运行的背后究竟是什么力量在推动？作为国家主权象征的重要形式，货币所带来的不仅仅是一种国家意志的体现，更是一种权力的象征。每个国家货币政策的出台无不和国家利益密切相关。

- 纸币只是一种交换符号吗？
- “劣币驱逐良币”是什么意思？
- 谁在制定国家货币政策？
- 谁在“打理”国库？
- 假币流通会造成什么危害？
- 中国该不该发行千元大钞？

6.

纸币只是一种交换符号吗?

按照字典的解释，纸币是："由国家发行、强制通用的货币符号。一般由国家银行或国家指定的银行发行。本身没有价值，不能执行价值尺度、贮藏手段和世界货币的职能。但可代替足值货币充当流通手段。"很显然，纸币其实就是货币发挥自身功能的一种符号，就纸币本身来说，它是没有什么价值可言的。在生产纸币的过程时，所耗费的人类劳动其实是可以忽略不计的。

比如，大家可以用五千元人民币到商城去买一台笔记本电脑，但许多人未必知道，在购买过程中，红色的人民币钞票其实是原本金属货币所代表的价值，并不意味着生产出来 50 张红色的一百元人民币所表示的价值。虽然生产这 50 张人民币的确需要投入人力、物力，但这 50 张纸的价值与这台笔记本电脑所具有的商品价值比起来，可谓是微不足道的。应该说，纸币本身并没有什么价值。

再如，古代的人会用两头牛去换十只羊，这种叫做兑现。现代社会中的人用五千元纸币去换十只羊，则不是兑现了。因为当人们换回两头牛后，要么可以进行耕作使用，要么可以饲养，立即产生了实际的价值。但是现代社会人们的五千元纸币就不能马上去产生实际的价值，必须还要交换他想要的东西，才能使自己的需求得到满足，才能使这五千元有价值。因此，就纸币本身而言，没什么太大价值，如果失去了它自身的职能，在某种意义上讲就是一堆废纸而已。

在金属货币流通的年代，人们使用金属货币交换的过程中，都是十分看重金银的成色和是否足值，换句话说，比如我是一个卖粮食的，我今天卖出了十石稻米，而买稻米的人给了我五两银子，其实我会比较关心他给我的这五两银子是不是真的能够和我这十石稻米的价值相匹配。但是，金属货币，比如金银或者铜，在交换过程中总会有磨损，并且在铸造金属货币过程中，也会使金属受到损失。因此，在交换过程中，开始出现了不足值的金属货币，这时人们只关心他能否按铸币的名义含量买回自己需要的商品，而并不关心它是否足值了。基于这个现象，纸币就逐渐进入了人们的视野。和金属货币相比，纸币的制作成本低，更易于保管、携带和运输，避免了铸币在流通中的磨损，因此纸币逐渐取代金属货币，成为现在世界上主要的货币工具了。

随着社会不断发展，大多数国家已先后放弃了金、银本位制，实行信用货币制度即纸币本位制。它是国家发行纸币作为本位货币的一种制度，国家不规定纸币的含金银量。因此，纸币成了一个国家通过法律规定的，在人们交易过程中可以偿付的工具。这种情况下，我们似乎发现，纸币其实和以往的金属货币已经基本没有什么联系了。而觉得纸币代表的是一个国家的经济发展水平和法律制度了。因此，纸币不像金属货币那样，可以足值地表示商品的价值。那么纸币为什么可以在不足值的情况下也能实现其支付功能呢？回到最开始的那个小案例当中，为什么当你拿着五千元的人民币，即 50 张百元钞票就可以换回一台电脑。就电脑的各种零部件的生产过程而言，试问任何一个人，都知道其所包含的人类劳动要远比 50 张纸要更有价值，但是为什么大家都会如此遵循这一行为准则呢？归根结底还是一个国家的法律的作用。

就拿我国的《中国人民银行法》来看吧，这个法律的第十六条明确规定："中华人民共和国的法定货币是人民币。以人民币支付中华人民共和国境内的一切公共的和私人的债务，任何单位和个人不得拒收。"第十八条又规定："人民币由中国人民银行统一印制、发行。"可见，纸币在当前能顺利实现支付功能，在很大程度上取决于国家强制力的保障。

如果从纸币的价值符号来看的话，其实纸币也是一种价值符号。当你在用五千元人民币购买笔记本电脑的时候，其实这五千元无法衡量电脑的真实价值，而这些百元大钞恰恰反映的是金属货币的价值，而不是制造这 50 张纸的价值，这样我们看到的 100 元、50 元的钞票，会认为它的购买力很大，但这只是因为我们透过纸币看到了它背后所代表的金属货币的购买能力而已。也就是，说纸币是价值符号，是说它本身没有价值，却具有让人们能透过它看到它背后的金银的价值。

所以说，纸币既是一种货币符号，同时也是一种价值符号。

7. “劣币驱逐良币”是什么意思?

生活中我们经常能遇到这样一种现象。每年高考前夕，各大高校都会要求一些具有良好信誉的高中向其推荐他们最优秀的学生，希望能将他们提前招入自己的学校，以此扩充生源实力。所以，每年都有很多品学兼优的高中生可以提前被名校相中，直接面试进入大学，让其他家长和学子羡慕不已。然而，当我们细细品味下这种选拔的过程，就会思考这样一个问题：这些被推荐免试的学生是学校里最优秀的吗？答案很可能是否定的，被推荐免试的学生很可能不是这个学校中最优秀的，或者说是次优的。为什么呢？这其中就涉及到了大学和高中之间的博弈。对名牌大学而言，能够将最优秀的学生提前揽入麾下，可以减少很多意外情况出现导致人才流失的现象（如高考失败或者报考了其他院校）；而作为中学校长，也有自己的考虑，如果最优秀的学生都被报送了，那谁来替他们考“状元”，自己学校和其他学校竞争的时候就不太好看，况且这些最优秀的学生如果正常发挥也能考上名校。基于这种考虑，中学校长也许并不想把最优秀的都推荐，至少给自己留几个最棒的。加上各个高校很难完全了解到这些被推荐学生的真实状况，靠的只是校方给出具的各种成绩证明。这种情况下，高中校长推荐的一般是次优的学生，而将最优秀的学生留给了自己，拿来冲“状元”，为自己学校增添更大的荣誉。

生活中不乏这样的例子，而在经济学中，这种类似的现象就可以表述为“劣币驱逐良币”，上述例子中，最优秀的学生就是“良币”，次优的学生就是“劣币”，次优的学生将本来属于最优学生的机会给挤占了，这就是所谓的“劣币驱逐良币”。

作为经济学中一个古老的原理，“劣币驱逐良币”有着自己的出处。它说的是在铸币流通时代，在金和银同为本位货币的情况下，即金币和银币都可以同时在市面上流通。这样，国家必须要为金币和银币之间规定价值比率，人们按照这一比率无限制地自由买卖金银，实现金银的自由兑换。这就带来了一个新的问题，由于金和银本身的价值是变动的，这种金属货币本身价值的变动与两者兑换比率相对保持不变，产生了“劣币驱逐良币”的现象，使得市场上只会流通价值较低的货币，从而使这种复本位制无法实现。比如说当金和银的兑换比率是 1∶16，当银由于银的开采成本降低而最后使其价值降低时，就出现了“金贵银贱”的现象，如果人们察觉到了这种变化，就会按上述比率用银兑换金，将其贮藏，最后的结果是银币充斥于货币流通，排斥了金。如果相反，即银的价值上升而金的价值降低，人们就会用金按上述比例兑换银，将银贮藏，流通中就只会是金币。这就是说，实际价值较高的“良币”渐渐为人们所贮存离开流通市场，使得实际价值较低的“劣币”充斥市场。这一现象最早被英国的财政大臣格雷欣（1533–1603）所发现，故称之为“格雷欣法则”。“劣币驱逐良币”的现象不仅在铸币流通时代存在，在纸币流通中也有。大家可能都会有这样的经验，即都会把脏的、破损的纸币或者不方便存放的硬币尽快花出去，而留下整齐、干净的货币。如果每个人都这样做了，那么最后我们交易的货币都是脏的、破损的。幸好，人民银行会收回残损的纸币。

劣币驱逐良币的实现要具备如下条件：首先，劣币和良币同时都为法定货币；其次，两种货币有一定法定比率；最后，两种货币的总和必须超过社会所需的货币量。换句话说，劣币和良币除了自身质地、价值有所差异外，其他的都一样，同样的流通，同样的功能，而且这种差异可以量化，用固定的比率表现出来。正因为其他作用都一样，而且两者之间可以自由兑换，当两者本身价值有所差异的时候，人们当然会选择质地更好、自身价值更高的那种货币。当两种不同质地的货币同时流通时，只要有价值差异，劣币驱逐良币就无法避免。

如果进一步探讨劣币驱逐良币的原因，我们就会发现，更深层次的原因还在于当事人的信息不对称（即交易双方的信息分布不均匀，一方比另一方掌握更多的信息），这是“劣币驱逐良币”现象存在的基础。如果交易双方对货币的成色或者真伪都十分了解，劣币持有者就很难将手中的劣币用出去，或者即使能够用出去也只能按照劣币的“实际”而

◄ 唐代铜币“开元通宝”
我国在历史上曾成功解决过铜币不足值而引起的“劣币驱逐良币”问题。安史之乱期间，唐王朝财政危机严重，发行虚价大钱，推行铸币膨胀政策，以致大钱购买力跌落，物价上涨，私铸繁兴，劣钱泛滥，足值“开元通宝”被人们收藏。刘晏于上元元年(760)兼任铸钱使后，不仅改行稳健的货币政策，坚决制止铸币贬损，并且还将虚价大钱的法定价值贬低到它的实际价值以下，利用西汉贾谊已经发觉的“奸钱日繁，正钱日亡”的现象，即劣币驱逐良币的教训，较快地把虚价大钱驱逐出了流通领域，改变了货币流通的混乱状态。

非“法定”价值与对方进行交易，就不会出现这种现象。如果大学和高校校长有同样多的信息，对学生有完全的了解，也就不会出现接受次优学生的现象。

为了更好地理解这一原则，在此多列举几种生活中常见的现象。譬如说，上班族都有这样的体会，平日乘公共汽车或地铁上下班，规矩排队者总是被挤得东倒西歪，几趟车也上不去，而不守秩序的人倒常常能够捷足先登，争得座位或抢得时间。最后遵守秩序排队上车的人越来越少，车辆一来，众人都争先恐后，搞得每次乘车如同打仗，苦不堪言。再比如，现实中一些善于“创造”政绩的干部往往会有更多的机会被提拔，而那些踏实做事、注重长久发展的干部则可能因短期内“没有”很好的成绩而被忽视。这也是“劣币驱逐良币”。

最后，想必很多人都关心，该如何避免“劣币驱逐良币”的现象。信息甄别是一个可行的方案。所谓的信息甄别是拥有信息劣势一方通过信息甄别机制主动识别拥有信息优势一方的信息。既然“劣币驱逐良币”的现象源于信息不对称，那么就应该通过信息甄别机制来共享信息。如名牌高校可以采用更多具体的指标，来加强对推荐生的考察。人们如果能知道哪些人是排队的，哪些是不排队的，就可以事先把不排队的排挤在一边等等。只要双方信息一致，那么“劣币就是劣币”，“良币还是良币”，何来驱逐之说？

8.

谁在制定国家货币政策?

货币是一个国家掌握经济命脉的一种工具，但是制定这种工具也有一定的讲究，即如何抑制通货膨胀、如何实现完全就业或经济增长。因此，关于货币的政策（规则）便应运而生。货币政策是指政府或中央银行为影响经济活动所采取的措施，尤指控制货币供给以及调控利率的各项措施。

在实际操作中，面对各种不确定性，政策的制定往往就是将想法与数据组合起来。同时，把政策实施后可能出现的政策后果进行罗列，试图测算出一旦作出错误的决定会有多大的代价，最后在各个政策中尽量选择出能够提供最大利益、承受最小风险的政策。简单讲，就是如何使得货币在运行中收入大于支出。

不管我们是否真正全面掌握所有货币政策，事实上这些政策也仅仅是依赖于对未来的一种预测。这一不确定性在货币增长规则上表现得尤为尖锐。其实，通货膨胀在本质上就是一种货币现象。它是指流通中的货币的价值与流通中的货物与服务的价值相比出现下跌的现象。随着技术革命对一国金融体系的不断冲击，区分某种特定的货币、准货币或未来价值贮藏的差别变得越来越困难。尽管有一个结论是千真万确的，即通货膨胀产生的根源是流通中的货币供应量超过了社会全部购买产品所需的货币量。我们在对付不确定性时，只确保按照合理定义的货币增长没有超出可预见的谨慎范围之外。问题是，我们根本无法精确地定义这些范围。同时即使在这些范围之内，我们在制定货币政策时仍会给自己留有一些空间。

在历史上，谨小慎微的货币政策当然并不是完美无缺的，在生产力不断加速提高并占主导力量的今天，我们目前执行的不断微调的货币政策已经使人感觉特别害怕。实际上，所有的预测人员包括政策制定者在内，在实际操作中都毫无例外地按照我们的经济学家研究出的各种假设前提或模型行事。因此，当政策在面对市场不确定性之时，谨慎小心，但却无法完全避免风险，政策难免有所失误。也就是说，货币政策有的时候会失灵。

上世纪 90 年代初、中期起，各种迹象开始表明，资本回报预期正在不断上升。这一点既反映在投资于高技术设备回报率的显著上涨，又反映在公司管理对长期收益增长估计不断上升。可是，我们没有把握我们观察到的这一切，究竟是短期内生产力提高的突然爆发，还是生产力长期持续的增长。当生产力持续增长、经济扩张期明显变长时，我们认为处于一个生产力持续上升过程的观点可信度更大一点。重要的是，只有当我们在其他经济活动中看到证据，同时资本市场的数据与加速发展生产力相一致，我们才开始进一步增强我们的自信心。

当面对一段时期内的结构性变化时，我们的政策行动在很大程度上必须建立在能够从惊异与异常的数据中辨别出正在形成的走势基础之上，然后仔细地刻画出这些走势的内在含义。面对矛盾的信息，如果死守某一个经济模型，那将是极其荒唐和愚蠢的。因此，面对生产力的提高，积极调整自己、适应社会是政策制定需要极力考量的。

在过去的十年里，中国经济年均增长 10%，这个世界上人口最多的国家因其经济政策发生了巨大改变。但如今，中国正面临自上世纪 90 年代以来最大的通胀威胁。如果中国政府给经济降温的刹车踩得过猛，可能会扼杀经济增长，也会给全球经济带来潜在冲击。但如果中国任由通胀加剧，可能又不利于国内消费者，还会给出口商和银行带来压力。因此，中国的货币政策就是和中国通货膨胀作斗争的过程。

不像美国的货币政策是由伯南克决定，那谁是中国的“伯南克”？中国央行前顾问、经济学家余永定的答案是：没有哪一个人可以单独决定。货币政策的重要决定都是集体作出的。因此，在经济发展的现阶段，这些货币政策的出台必须要有一整套制度加以规范和完善。因为它有助于在不同部委当中树立行动共识。

因此，在中国货币政策出台过程中有三种机制扮演着重要角色。第一个层次是货币政策委员会。根据《中国人民银行法》和国务院颁布的《中国人民银行货币政策委员会条例》，经国务院批准，中国人民银行货币政策委员会于 1997 年 7 月成立。2003 年 12 月 27 日新修订的《中国人民银行法》第十二条明确指出，中国人民银行货币政策委员会应当在国家宏观调控、货币政策制定和调整中，发挥重要作用。根据《中国人民银行货币政策委员会条例》，货币政策委员会的职责是，在综合分析宏观经济形势的基础上，依据国家宏观调控目标，讨论货币政策的制定和调整、一定时期内的货币政策控制目标、货币政策工具的运用、有关货币政策的重要措施、货币政策与其他宏观经济政策的协调等涉及货币政策的重大事项，并提出建议。第二个层次是国务院会议。根据当前制度，在制定关键的货币政策决定时，利率或银行存款准备金率必须要由国务院常务会议批准。从目前来看，国务院常务会议由 10 人组成，以国务院总理主持召开会议对货币政策加以制定。第三个层次最高，是中共中央政治局会议。更加重要的货币问题和汇率政策，则是中共中央政治局会议决定的。

一般而言，货币政策委员会基本更加倾向于从货币本身而言考虑政策的出台和建议，但是中国人民银行和其他部委一样，都有自己的考虑。在制定利率决策时，央行有时候会跟地方政府、国家发展和改革委员会的意见不一致。发改委希望把利率维持在低水平，以便能够为其新项目融资。央行的汇率决策常常遭到商务部的反对，后者希望低估人民币币值，这样出口商在对外贸易中才会占有优势。因此，货币政策制定并不是想象中那样轻松，货币政策的制定过程包含着国家战略和发展大计，并且还存在着利益的协调。如果利益存在冲突，则需要在政策的制定中停下来，等到大家意见统一了再制定。

大规模的刺激计划很有可能会密集产生一批不良贷款，并在很大程度上会导致通胀。的确，刺激性的消费和借贷令中国经济飞速发展，

2009 年全球大部分经济体陷入衰退之时，中国经济增速却高达约 9%。但这也产生了具有潜在威胁的信贷激增现象，房价被刺激得居高不下也让货币政策制定者十分头疼。

因此，货币政策的制定绝非容易之事，每一个小小的加息政策都会对国民生计产生重要的影响。因此，货币政策的出台必须是理性和冷静的。

9.

谁在“打理”国库？

国库，是指国家金库，是一个存放具体实物、货币和黄金的库房。现代的国库有保管、管理该国财政的资产和负债、预算执行情况等一系列国家财政职能。具体是控制政府预算内、外资金，管理政府现金、债务等全面财政管理功能。

国库是随着人类社会的进步、社会生产力水平的提高、国家的产生而发展起来的，是社会生产发展到一定阶段的必然产物。随着生产力的发展和物物交换的出现，产生了私有制，逐步形成了阶级和阶级剥削，社会开始分裂为奴隶主阶级和奴隶阶级。统治者为了执行国家职能，因此向公民征税。捐税是国库收入的最初形式。也就是说，有了国家，有了财政，必然要有国库。

根据瑞士国库管理法，存入国库的黄金不能轻易动用，若要减持国库黄金存量，则必须经全民公决，征得多数公民同意后政府方可动用。瑞士社会民主党发动议员向联邦政府多次施压，要求政府将过剩的黄金抛售，用所得款项进一步改善养老福利，然而，瑞士国库一次次地顶住了压力，不让动用。瑞士国库里堆满了黄金是众所周知的事。现在各国的货币发行量，早已不与它们国库的黄金存量挂钩，但瑞士除外。瑞士国库里始终储备着足够的黄金，因而至今仍然保持着全世界唯一的金本位制。据世界黄金协会最新公布的数据，目前世界各国国库的黄金总储量为32946吨，其中储量超过1000吨的国家是美国、德国、法国、意大利、瑞士。瑞士国库目前有黄金储备 2590 吨，约占世界各国国库黄金总储备量的 7.86%。按人均算，瑞士是全球人均拥有黄金量最多的国家。瑞士国库中除了黄金、白银等贵重金属和美元资产外，也存有一定数量的欧元和英镑等外国政府的债券；此外，瑞士国库不仅管理着巨额的不动资产，而且凭着力求盘活富余资金的原则，还在千方百计地进行着各种金融投资。

瑞士国库里的黄金，部分存放在瑞士联邦政府大楼和联邦议会大厦前面的广场地下深处。它处在地下百米处的防核弹掩体内。除了这座从未对外开放的地下金库外，瑞士还有不少储备黄金的国库是对公众开放的，目的在于炫耀储备之安全，吸引更多的国外托管客户。当你走进任

▲ 金库

何一家安全系数超过 100% 的开放金库，都会为如此多的黄金而惊叹不已。1000 多公斤重的大金板堆至房顶，来回挪动都得靠重型铲车和起重机，数百平方米的地下室，到处是标有纯度为 99.9% 的黄金。进入这些金库的人既可观看，也可触摸，还可以购买，但是这一切都是在陪同人员和摄像机的监视下进行的。

因此，瑞士国库的安全程度可称得上世界之最。国库的每个过道和入口处都设有先进的红外线电子检测系统，任何异样的动静和异物都无法逃脱它们的监控。每进一道门都得由分别掌管三把不同钥匙的三个人同时将钥匙伸进锁槽，并经过对持钥匙人身份证、指纹、眼球的红外扫描检测合格后，再输入由数字和字母混合组成的一连串密码，只有上述程序正确无误，厚重的国库第一道门才能开启。然后是只能容纳单人进出的狭小的电子遥控旋转门，若身上带有稍大的物件根本无法进出。对所有参观者和工作人员都实行全天候摄录监控，并拍摄成带子备查。

在日本，国库由财务省主管，但绝大部分具体业务委托中央银行——日本银行来实施。日本国库储存的主要是外汇、外国债券、黄金等贵重金属，以及国际货币基金组织的特别提款权和世界银行的票据等。据日本财务省 2012 年 9 月 7 日公布的数据显示，截至 2012 年 8 月底，日本外汇储备为 12732.42 亿美元，比上一个月增加 4.65 亿美元，为连续两个月环比增加。数据显示，2012 年 8 月底，日本外汇储备中，外国有价证券为 11843.05 亿美元，比前一个月增加 7.9 亿美元；黄金储备市值为 405.57 亿美元，增加 6.52 亿美元。有的存放在外国中央银行和国际清算银行，有的存放在日本国内的金融机构，还有的存放在外国金融机构设在日本的分支机构。

俄罗斯国库分为财政国库和财产国库两大类。所有的财政国库资金收支，都是通过财政部在俄中央银行及其分支机构中设立的国库账户进行的。财产国库则是所有国有资产的总和。从这个意义上说，财产国库所存放的不仅仅是黄金、白银这些贵重金属，还包括了形形色色的固定资产。但因为国有土地、政府办公大楼、军舰、飞机等不需要收藏，所以国库里真正需要收藏保管的还是体积小、价值大的黄金、美元和各种债券等。俄罗斯国库中既存有货币黄金，也有外汇等其他储备，还有一部分黄金、外汇储备存在国外。上个世纪50年代，苏联为了避免石油收益的美元存放在美国被美国政府冻结的危险，将大量外汇收入存到欧洲，形成了脱离美国政府控制的大量“离岸美元”。

俄罗斯管理国库是非常严格的：第一，出售或者转让方式通常是举行拍卖。第二，必须得到总统的批准，拿到总统令才可以开始拍卖。第三，近年来国库的拍卖品主要是“俄国家珍宝储备”中超过10.8克拉的巨型钻石。第四，拍卖形式独特。拍卖品在拍卖会上不展示，竞拍者只能提前一个月去看一眼，拍卖会上各方在特制的信封上写上姓名并在信封内标明报价，谁的报价高谁最后胜出。

美国的国库预算由财政部管，但财政部主要是管理资金的使用，具体保管是由美国国库局来执行。美国国库局是财政部的下属单位，具体负责印制美元、铸造硬币、灌注金锭，以及保管这些钱财，是美国政府真正的“钱袋子”。美国储藏本国黄金的地方有两个：一个在肯塔基州的诺克斯堡，一个在纽约州的西点。两地都是军事基地，都是地下金库。偌大的军事基地，许多地方可以随便开车进入，唯独金库用铁丝网拦住，外人不得入内。至于纽约联邦储备银行的地下金库，主要是存放外国的黄金。

对于我国而言，“打理”国库的专门机构是中国人民银行国库局。其主要职能是：经理国家金库业务，组织拟订国库资金银行支付清算制度并组织实施，参与拟订国库管理制度、国库集中收付制度；为财政部门开设国库单一账户，办理预算资金的收纳、划分、留解和支拨业务；对国库资金收支进行统计分析；定期向同级财政部门提供国库单一账户的收支和现金情况，核对库存余额；按规定承担国库现金管理有关工作；按规定履行监督管理职责，维护国库资金的安全与完整；代理国务院财政部门向金融机构发行、兑付国债和其他政府债券。

关于我国国库管理，不同部门间一直存在争议。公开征求意见的预算法修正案（草案）二次审议稿中，将现行预算法“中央国库由中国人民银行经理”一条删除，引发外界诸多讨论。这些有关国库管理条文的改动，意味着中国人民银行对国库管理权限的减弱，而财政系统这方面的权限则得到加强。一些地方财政部门的工作人员反映，财政资金的拨付，需要先由财政系统各业务部门，如农业处、经济建设处等，根据预算，提出相应申请，这些申请需要首先在该部门内经过审批；各业务部门的申请，汇总到财政系统的国库处，经过审批；再到国库支付中心，或者国库支付局，经审核，再确认支付；最终，汇总到地方国库，根据央行具体风险控制标准，走不同的审批程序。

在现行体制下，财政资金拨付过程中，还需要走央行的审批程序，需要央行相关领导签字通过，这往往会减缓财政资金下达的速度。财政资金的下划，是按照年初预算，中间不应该也无需央行的审批。财政部是代政府管理财政资金，在这个过程中，需要银行服务，而央行则是负责提供这种服务的。此前，财政部曾就预算法的修订，向各地征求意见。据媒体的报道，广东、四川等省份，均明确提出，由央行经理国库已经不合时宜，建议在资金的收缴、支付上，实行央行代理制；避免财政系统与央行出现的职能交叉，影响财政资金运行的效率。

但是，也有人认为国库管理的经理制下，央行与财政部是平行的关系，相互分工，央行直接对政府负责；代理制下，央行与财政部是代理与委托的关系，央行需依财政部指令行事，难以对财政部起到制约作用。因为财政部是政府的总会计，国库是政府的总出纳，会计和出纳不能互兼，国库应独立于财政部门。

还有人认为，其实，国库就是国家的钱，说得通俗些就是公款，因此对公款的支配权，其真正权力应该归于权力机构——全国人大。人大作为权力机构，最关键的是授权，即进行决策——什么钱该花，什么钱不该花。国库库款性质上属纳税人所有，支配权归属于人民，政府只是国库的经管人，只有经法定程序得到授权后才可动用。未经国家立法机构批准，任何人都无权向国库伸手。而无论是财政部门，还是央行，其实也都只是行政执行机构。

10.

假币流通会造成什么危害?

假币时常会困扰着我们的生活，相信好多人都有收到过假币的经历，如果数额较小，或许就自认倒霉，权当是经验教训，以后多留意。如果数额巨大，甚至是关乎生计，真叫苦不堪言，其中还夹杂着莫大的悔恨，恨自己怎么就不能小心点，任凭假币轻易地掠夺着自己辛辛苦苦积攒起来的财富。

十多年前，很多媒体都报道过这样一个故事。1993 年，盛产柑桔闻名的浙江衢州万冈乡，丰收后的桔农们愁眉不展。就在这时，来了几个陌生人，扔下一捆捆 50 元大钞，“高价”拉走了一车车柑桔。当农民喜滋滋捧着“血汗钱”准备存入信用社时，银行工作人员用验钞机一验，全是假币！万冈乡顿时一片哭声、骂声，让人非常懊恼、痛心。十多年来，像这样的教训还有很多，而且金额越来越大，受害范围越来越广，那么我们就应该反思：为什么我们会“屡屡受骗”？原因主要在于不少人对假币流通的一些知识还不太了解。那么，假币的流通会有哪些危害呢?

货币作为价值符号和价值交换媒介，在商品经济中充当着不可替代的重要角色。说得再宏观点，它不仅承担着代表国民财富和分配国民收入的职能，而且还发挥着调控、促进和稳定国民经济的作用。货币已经与人民生活息息相关，与国家信用息息相关。

一般来说，假币泛滥最直接的影响就是掠夺百姓的财富。正如上文提到的例子，桔农辛苦耕耘一年，盼得风调雨顺，终于有了个好收成。

但结果是换来一堆假钞，一年劳动全部付之东流，而且是如此轻易地被骗取，这是多大的打击。如果这种案例多发生几起，势必会伤了老百姓的心，对社会和谐稳定发展不利，对于全国“扩大内需，振兴经济”也很不利，甚至会引起社会动乱。

其次，假币蚕食着人民币的信誉，扰乱经济秩序。作为法定流通货币，人民币多年来一直保持着很高的信誉。人民币主权神圣不可侵犯，但是随着假币的泛滥，百姓对手中持有的人民币真伪产生了怀疑，这严重地影响了人民币的信誉，阻碍了人民币国际化的发展，同时也加大了交易的成本，人们不得不花费一定的精力去检验货币的真伪，企业和个人都会花费金钱去购买验钞机或紫外线灯等防伪工具，极大降低了交易的效率，仿佛又回到了金属货币时代的检验货币成色。我们可以想象这样一种极端的例子，当一国人民对其法定流通货币完全不信任时会怎样？只有两种选择，一是完全放弃货币，回归物物交换；二是使用其他国家的货币流通。前者会极度阻碍经济的发展，而后者则会使国家失去货币主权，受制于他国，成为任人宰割的对象，这些都不是我们所愿意看到的。

再次，假币泛滥会造成严重的通货膨胀。商品的价格是由供给和需求决定的。供给大于需求，商品价格就会下降，反之，供给小于需求，商品的价格就会上扬。我们可以用同样的理论来研究货币。当流通中的货币供给量小于实际需求的时候，人们会发现生活中钱会越来越“值钱”，而流通中的货币供给量大于实际需求的时候，就会产生人们常说的通货膨胀。什么东西都涨价，钱就是不经花。当市面上假币流通的时候，就相当于增加了货币的供给量，与央行发行钞票的效果一样，只不过前者是私人的、违法的假币，而后者是国家的、合法的真币。当假币可以以假乱真的时候，市面上货币的流通量就增加了，且随着受骗金额的增加而增加。此时通货膨胀就在所难免。百姓能观察到的仅仅是受害者直接遭受的利益损失。殊不知，假币的流通可以推高物价，侵蚀公民的储蓄。更严重的是，国家的货币政策效果将大打折扣，很难有效地实现国家的宏观调控。可以毫不夸张地说：“假币猛于虎。”

当然，假币之祸并非中国独有。只要有货币的国家，基本都存在这样的问题。制贩假币，是被国际社会公认的一种严重经济犯罪行为，历来为各国政府和人民所深恶痛绝。它不仅扰乱了各国的金融秩序和人民群众稳定的经济生活，而且直接破坏着一个国家的经济发展。

根据相关统计资料显示，目前全世界流通的美元、英镑、马克、法郎、里拉、比索、港币、日元等几十种货币，都被国际伪钞集团制贩过。这中间也包括日元，而日元的防伪技术水平是世界公认最高的。统计显示，日本伪钞集团制造的假日元超过 38 亿。全世界流通的硬通货——美元，更是难以避免地成为伪钞集团伪造的主要目标。伪钞集团每年给美国财政造成的直接经济损失达 2 亿元以上。

为什么假币危害如此严重，但却又难以制止呢？这里主要有以下两个原因：

一方面，巨大的利益刺激。中国有句古话“人为财死，鸟为食亡”。

假币之所以屡禁不止，在很大程度上是因为制造假币有着巨大的利益空间。要知道，我国古代就有假币事件，只不过当时流通的还都是铜钱，改变铜钱的金属含量就可以造假，一般人是很难分辨出来的。当纸币取代金成为主流货币后，造假成本更加低廉，方法更加简单。在这种利益的刺激下，有些人就抱着侥幸心理，制造假币，妄想一本万利。

另一方面，公众假币识别能力不足，自我维权意识稍显薄弱。我国民众的辨别能力不足给假币提供了生存的空间，如果每个人都能分辨真假，那假币还能流通吗？虽然我国公安部和中国人民银行每年都开展“反假币宣传周”等普及假币识别知识等活动，但总的来看，效果并不是很明显，一些农村居民尤其是中老年人，识别能力较差，他们常常是不法分子“推销”的对象。此外，我们大多数人的自我维权意识还不是很高，一旦发现假币，大多数人都会想着如何“再次”用出去，而不是交给金融机构回收。所以假币总能被投放到市场上。

假币已经渗透到我们生活中，不仅危害我们的诚信、利益、社会经济稳定和生活安定，更严重的是影响了一个国家的形象！假币的危害是显而易见的，是构建和谐社会的一大隐患，千里之堤，毁于蚁穴。做一名有责任感的公民，应该积极配合国家有关部门的工作，不断提高识别假币的能力，一经发现，就应该上交金融机构，杜绝假币的循环流通。否则，同一张假币很可能还会转到你手里。

11. 中国该不该发行千元大钞?

假如中国现在有了1000元面额的人民币，会是什么状况？是否会在减少成本、带来便利的同时，出现假钞、货币贬值、通货膨胀等问题呢？凡事都具有两面性，有利也有弊。关键是要先权衡利弊，分析哪头重哪头轻，再来说当前中国是否真正需要千元大钞？

建议中国该发行千元大钞的理由是：电子支付体系尚不完善，现金仍然是流通的主要方式，发行大额钞票，目前所遇到的携带、储存、交易、流通等问题就会迎刃而解。

在2004年“两会”上政协委员宗立成就提出了尽快发行500元和1000元面额大钞的建议，当时央行官员给予的答复是，发行大钞时机尚不成熟。2009年“两会”期间，政协委员广东省律师协会副会长朱征夫也提出了“建议中国发行千元大钞”的提案。在2012年的“两会”上，宗立成委员又提出，发行500元或1000元人民币的时机已经成熟，大面额人民币拥有诸多优势和好处。第一，便于携带；第二，减少流通环节的时间，提高效率；第三，节约纸张。除此之外，还会带来许多有益之处……目前的人民币最大面额相对偏小，与中国经济总量的高速增长相比，已经不能满足日常交易的需求。

就政协委员提出的千元大钞的“三大好处”而言，不乏认同者，因为不久的将来“社会的发展必然会实现千元大钞”；而反对者们则更着眼于现实，认为“这不能刺激消费，百姓不需要千元大钞”。

对于中国发行千元大钞所能带来的益处也众说纷纭。暂且不说，千元大钞是否可以刺激消费，拉动内需，毕竟钱在你口袋里，花不花还得看个人。有人说，百元大钞已经“经不起花了”，普通的工薪阶层消费稍大点的消费就上千，大宗消费也越来越多，千元大钞对于携带和交易无疑都是方便的，这样一来自然也有环保的好处。然而也有人说，大宗的消费不会刷信用卡吗？那样还更环保一些，然而事实并非如此简单，不是所有的交易场所都能一刷了之，当今习惯了现金消费的人们，适应刷卡消费还没到如此普遍的程度。那么，从这一点来说，委员的提案并不是没有道理。

当前，在中国百元钞票真的不够用了吗？中国真的有必要发行千元大钞吗？

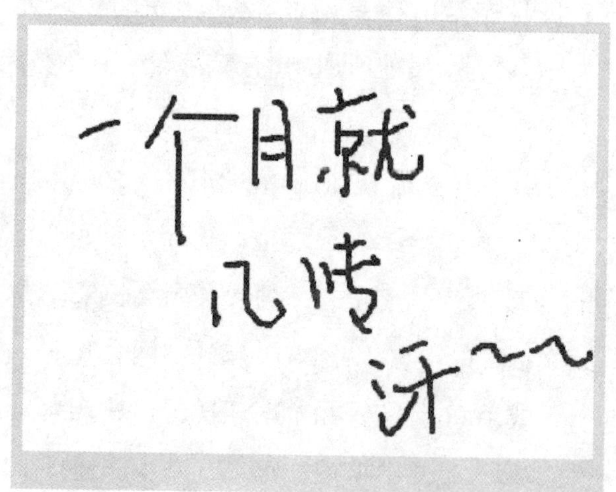

凡事既有利也有弊，中国发行千元大钞除了有宗、朱两位委员所说的上述诸多好处之外，想必还会有一些不利之处，我们先不妨分析一下，从一个普通老百姓的角度来权衡，中国到底该不该发行千元大钞。

钱包里钱多可以刺激消费的说法，是依据什么呢？我们知道，新发行的货币是直接作为财政收入的，与居民消费关系不大。钱袋里有钱可以刺激消费，乍一看的确很有道理，但是必须有一个前提，那就是汇率稳定，币值稳定。

有人指责说千元大钞是为行贿受贿大开方便之门；还有人担心此举

会引发新的通货膨胀，这些担心也不无道理。一位银行职员的观点是刷卡是有痕迹的，转账一查一个准，现金腐败却没有痕迹，银行记录查不到。

有人说，问题的关键在于老百姓真的需要千元大钞吗？老百姓最担心遭遇假钞和货币贬值。如果遇到 500 元、1000 元的假钞，人们被骗后彻底亏大了。

一般来说，当一个国家单位货币的价值降低，才需要发行大面额货币，像日本、韩国。而日常百姓家庭生活支出完全可以用银行卡，现在发行大面额货币，除了少数富人，一般家庭都用不上。

除了伪造，大额纸币的另一个问题是找零困难。

试想，为了达到与以往同样的找零满足率，比如至少能应付连续三笔最大钞支付，商家需要在钱柜里至少保留 20 多张百元钞，而以前则只需要保留百元以下的零钞，这样一来，便大幅增加了社会的现钞持有量；同时，大额纸币的出现相当于扩大了每个钱包的容量，降低了携带单位纸币的成本，这同样会增加社会总现钞量。相信很多人有过类似的经历，上街购物的时候，有时候碰巧口袋里没有零钱，只好掏出 100 元的钞票去付款。每当这时候，总会听到一些小摊贩抱怨："怎么拿这么大的钱？"很多次就是因为找不开零钱，只得悻悻作罢。如果有一天真的拿了一张千元大钞上街，还真担心自己是不是有能力把它花出去。

与此同时，大额现钞在西方发达国家由盛极一时也走向了衰落，美国人在付账时不喜欢大钞，荷兰和比利时的许多小商店和加油站都贴有告示，"本店拒收 500 欧元"，拒收理由无非也是怕收伪钞、找零难。

目前的经济环境下适合发行大面额钞票吗？有人认为，发行大面额钞票会让老百姓产生人民币贬值和通胀的心理预期，对控制通货膨胀以及人民币在国内的购买力都会产生诸多不利影响。

一国货币的面值要根据货币内在的价值在市场流通，像美元、英镑这些"硬通货"面额都不大，最大面额分别是 100、50，这些国家的经验是大量使用银行卡等来解决类似的问题。

手握一张500元钞票和手握五张100元钞票所带来的心理感受是不一样的，对500元钞票的反感，很大程度来自百元大钞购买力的下降，在“钱不值钱”成为人们一致认知的情况下，发行大额钞票只会增加恐慌感。人们担心如果发行大面额钞票，那人民币就有可能类似于韩元、日元一样不值钱了。

央行对大面额人民币的问题予以回应。央行行长周小川表示，千元大钞暂无发行计划。副行长胡晓炼也说，是否发行大面额钞票需要统筹考虑利弊，目前没有计划发行500元或者1000元大额钞票。这一选择是明智的，目前的情况下，确实没有什么靠得住的理由发行更大面额的纸币。

我们也不妨来参照其他国家和地区发行千元大钞的经验，看看能得出什么启示。根据国际通行的货币发行公式：当前在市场上流通的纸币总量中，最大币值的纸币交易量超过70%时，才表示目前发行的纸币币值太小，应发行更大币值的纸币；但目前中国最大币值的钞票即100元，在市场流通的纸币总量中，仅在20%-30%之间。即使是今天，100元在市场流通的纸币总量中，纸币的交易量仍然远低于70%。

各国的经验显示，我们不需要500或1000这么大面额的纸钞。相反，目前的支付技术条件下，约相当于人均GDP千分之二的最大面额已足够使用，而超出人均GDP千分之十的面额则是大而无当的，在各大主要货币中，只有欧元有500元大钞，美元只有百元钞，日元最大面额一万，币值近似于百元美钞。

一个更有启发意义的例子是港元，按上述GDP标准，港币的最大面额500元就够了。实际上，港元早就有了千元大钞，但是，有大量证据显示，千元港钞的发行是个很大的败笔；和所有大面额纸币一样，千元港钞从诞生之初起，面临的最大问题就是伪造。

千元大钞会给洗钱、逃税及假钞等不法行为带来便利空间，显然，如何对其进行合理预防就成为主管部门慎重考虑的问题。香港就曾因千元假钞事件而引发市民恐慌情绪，一度导致多家商场拒收千元大钞。从内地的假钞查缴实践看，2010 年全国金融机构从流通中收缴人民币假钞 430.9 万张，面额合计 3.38 亿元，其中也以面额 100 元的假钞居多。

发行大面额纸币也与通货膨胀有联系，这里有一个典型的案例，一战之后在战争赔款重压下，德国出现了史无前例的恶性通货膨胀，结果于 1924 年发行了人类有史以来最大面值的 100 万亿马克纸币。在当前物价高、企业行业经济普遍不太景气之际，发行大面额人民币，将可能引发通胀预期，助推通货膨胀。有专家说，从国外经验看，当通货膨胀严重、纸币价值降低时，才需要发行大面额货币；反过来，发行大面额货币，也有可能引起国民对通货膨胀产生预期性恐惧，造成币值不稳。发达国家的经验已表明，电子交易将是未来的主流支付模式，这一趋势是大额货币发行所不能阻挡的。故而，有关部门在致力于防范大额货币对金融市场负面冲击的同时，也决不能放松对电子结算业务的关注，而是应当在此前规范第三方结算业务的基础上继续加强监管，以此降低“无纸化”交易风险，促进其快速发展。

可以说，现在中国发行大面额人民币的时机仍未成熟。

第三章 资本与股市风云

现代经济中资本力量的崛起让更多的人看到其所蕴含的巨大能量，用“钱”赚“钱”的方式也已经逐渐进入百姓的视野。面对起伏不定的股票市场，老百姓到底该如何审视中国股市？相信随着资本市场体系的不断完善和发展，在不远的将来，中国股市会重新赢得新的生机和活力。

- 为什么“钱挣钱”比“人挣钱”容易？
- 为什么“鬼城”的民间借贷如此火爆？
- “黑色星期一”是怎么回事？
- 为什么许多散户开着“宝马”进，骑着“毛驴”出？
- 中国股市到底伤在哪里？

12.

为什么“钱挣钱”比“人挣钱”容易?

眼下一些上班族工作非常努力，这是好事。但有些人对理财知识严重缺乏，只是盯着自己的工资收入，只习惯于依靠加班加点来增加积蓄，一天工作十几个小时，过得很辛苦。然而，通过投资理财可以更好地管理好自己的财富，让投资收益成为自己的第二份“工资”。

学过油画、干过媒介、做过建材、随后又转身投资行业、如今已是省会一家投资担保机构的副总，她就是全琼丽。在她身上，似乎永远充满着激情和活力。年轻而多彩的人生阅历，以及独特的投资经历，让她对“理财”有着更为深刻的理解和“实战”体验。尽管她现在从事的是担保行业，但她讲述的却是一个“大理财”观：既不能“把鸡蛋放在一个篮子里”，又要在自己风险承受范围内尝试更多的投资方式。正如她所言：人生要丰富多彩，理财同样要多姿多彩！当我们通过工作积累了第一笔财富后，就应该考虑让这笔钱来为自己生钱。毕竟人挣钱难，而钱挣钱则相对轻松。

以钱赚钱的方式古今中外都存在。这个看似简单平常的原则，到现在还是一样可以适用。美国“石油大王”洛克菲勒曾对资金做过生动的比喻：“资金对于商人如同血液与人体，血液循环欠佳导致人体机理失调，资金运用不灵造成商场失败。如何保持充分的资金并灵活运用，是每个商人不能不注意的事。”这话既显示出“富人”的高财商，又说明了资金运作加速创富的深刻道理。“富人”总是把赚来的钱再次投入到新的项目上，以钱赚钱；而“穷忙”的人却总是依靠自己出“苦力”赚钱，他们喜欢把赚到的钱存起来，结果存来存去还是没存住，最终还是花了出去。

一些年轻人经常会说：“我一个月只有两千块钱，怎么让钱生钱？”其实，理财融入我们生活中的点点滴滴，收入不高的年轻人同样需要打理财富，对有限的收入进行合理规划，如在安排生活开支、充电学习之外，每月若能留出300块钱，一年下来就是3600块钱，如果进行基金定投，不仅能积少成多，更能获得一份“额外”的投资收益。随着“雪球”越滚越大，几年后这笔投资收益就相当于另一份“工资”了！靠加班加点积累财富，不但会降低生活质量，还会埋下健康隐患。正所谓，年轻时拼命工作挣钱，年老时拼命花钱治病！

但是说到投资，很多人特别是年轻人对一年百分之十几的收益都感觉低。他们恨不得手中的资金一年半载就能翻番。眼下一些人在投资心态上非常急功近利，恨不得一夜之间就能暴富。这其实已不是投资，而是投机。殊不知，心急吃不了热豆腐！越是抱着“发财”的心态，到头来往往越容易陷入亏损。为什么？因为任何投资的收益与风险都是匹配的，高收益必然伴随着高风险。而缺乏良好的投资心态者，往往会在追求“暴利”的过程中迷惑了双眼。

其实，从正常的商业投资角度而言，每年能获得百分之十几的利润就

相当不错了。如果能持续获得20%以上的年收益，可就相当于“股神”巴菲特过去几十年间的投资水平了。

投资过程中的“复利”威力在时间的作用下非常惊人。投资中有个“七二法则”，即投资一笔钱如果你不拿回利息，通过“利滚利”，本金增值一倍所需的时间为“72除以该投资年均回报率”。比如你投资10万元，如果每年平均收益率为12%，那么只要6年就能翻一番，变成20万元。而再用6年，这笔资金就又翻倍，变成40万元，呈几何式增长。投资的奥妙在于有时间作保证。

投资千万不要把鸡蛋放在一个篮子里，不要拿“身家性命”来做投资的“赌注”！聪明的投资者，在投资之前会留出必要的家庭紧急备用金，并给家庭成员购买一定的商业保险，来增加一个家庭的“抗风险能力”。因此，投资既要学会规避风险，同时还要敢于尝试新的投资方式。有些人因不了解一些理财方式而一味抵触，这不是积极的心态。人生短短几十年，只有不断尝试，才能体验人生的乐趣。同样在理财生活中，只有不断尝试、学习，才能体味其中的精彩。不同的投资方式，就像我们餐桌上琳琅满目的水果，只有多品尝，才能享受到各种美味。

学会理财就相当于学会如何用自己的钱去创造更多的钱，而且比通过劳苦耕作要快很多；同时，理财也是对生活的一个规划，美好生活需要规划，也需要理财来“给力”。当然投资理财需要有良好的心态。一是要保持轻松的心态，理财的目的就是要通过打理财富提高自己的生活品质，让未来生活更轻松；二是学习的心态，通过接触不同的投资，体验理财生活的乐趣。

因此，一个家庭如何能够把自己的理财规划好，是一件很重要的事情。这里有个小故事，其实很有启发。对于小王来说，刚刚走上工作岗位，就开始学着理财。每月的工资收入，首先当然要交一部分给她妈妈作为家用。不管怎么说，工作了，就代表成人和独立，但她还是住在家里，也不能再让父母养，这个道理她是明白的。零用钱是给自己留的，和其他年轻人一样，花自己赚的钱还是最舒服。还有结余的部分，刚开始，她每月把钱都存入银行，倒是绝对的安全。虽说有利息，但是微乎其微，资本增长确实太慢了。后来她在妈妈的建议下，开始购买封闭式基金，因为专业人士的操作，收益率非常可观，而风险较之自己直接进入股票市场减少了很多，更重要的是很省心。慢慢地，她自己规划了一个自己的财政格局，即 4：2：3：1。每月 40% 的钱存入银行，定期一年，滚一个“轮子”就是 12 个月，以备不时之需。20% 的钱购买保本型的封闭式基金，本钱保住了，而收益率却远远高于银行利率。还有 30% 的钱购买股票型的基金，风险提高的同时，收益也相应大大地提高。最后的 10% 自己直接购买股票，因为投资额不高，所以即使亏了，也不会很惨，重要的是可以锻炼金融投资的眼光，增加实战经验。两年下来，她的小金库充盈了不少，而且最重要的是：钱生钱远比人赚钱来得容易得多，只要肯动脑子。

可以看出，其实要想让钱去挣钱，只要是花一些心思，但不要过于贪心就行。无论是家庭的小额理财还是日后固定资产的重大投资，都是需要自己用心去经营的。如果我们还用以往拼死拼活的加班来换取劳动报酬，还真不如用智力和知识来实现“钱生钱”。钱生钱带给我们的不仅仅是收益，更带给我们更多的经验和人生感悟。

13.

为什么“鬼城”的民间借贷如此火爆？

近年来内蒙古自治区鄂尔多斯市经济高速发展。但是，2011 年民间借贷问题的爆发将鄂尔多斯推到了风口浪尖，这座“沙漠最宜居的城市”一时间与“鬼城”、“民间借贷危机”联系在了一起。

鄂尔多斯市近年来城市建设快速发展，一方面，由于征地等原因，被征地农民得到数额较大的补偿款，此外煤炭价格上涨，也让当地民间借贷发展迅猛。另一方面，经济的快速发展需要有相应的金融支持，但鄂尔多斯市的金融业发展相对滞后，主渠道货币供应不足，特别是近两年货币供给总量减少，对像鄂尔多斯市这样经济发展较快的地区产生的影响比较大。快速发展的房地产业以及煤炭业的关联产业成了资金洼地，民间借贷从此迅速发展。

从 2001 年开始，民间借贷开始发芽，一部分老百姓将自己的积蓄投给了煤老板，并享受高利率。2003 年以后，随着城市的扩建，大量农民的宅基地和耕地被征用，鄂尔多斯给予农民的征地补偿款较高，每平方米几千元到一万元不等，许多被征地农民成为百万富翁。随着 2007 年房地产业的兴起，在早年放高利贷家庭的影响下，几乎家家户户都开始放高利贷了。每月吃 3 分利，100 万元放进去了，一个月就可以得 3 万元，有的吃 5 分利，什么也不干，两年就挣回 100 万元。在鄂尔多斯，很多孩子都不工作，以放高利贷为生，因为普通工作每个月辛辛苦苦才挣三四千块钱，“没有必要”。到了 2009 年，鄂尔多斯的固定资产投资计划达到1562亿元，而民间投资占56.4%。

过去三四年间，鄂尔多斯的企业已经形成了一条融资的套路。几乎较大的企业集团下都有一个负责民间融资的部门，一般是财务部，有的也叫融资部，由几名财务负责四处联络客户，财务一般会发动自己所有的亲戚朋友，亲戚介绍朋友，朋友介绍亲戚，如此形成一个融资网。有的大型企业，民间融资甚至高达20亿元。不仅投向房产，还涉足酒店、餐饮、煤炭、化工等各个行业。

2004年以前，那时的鄂尔多斯还是内蒙古最为贫困的地区，而康巴什还是片荒漠，只有两个小村庄，不到1400人。直到有一天，这里发现了四大宝贝：特有的阿尔巴斯白山羊绒，被誉为“软黄金”；煤炭探明储量1676亿吨，占全国总储量的1/6，鄂尔多斯如今是中国产煤第一大市；稀土储量65亿吨；天然气探明储量8000多亿立方米，占全国总储量的1/3。

手中有了钱，政府便开始拓建新的城市发展空间。2004年，政府建设总投资达50多亿元，在荒漠中开始兴建新区——康巴什。

这样一个全新的城市，似乎也蕴含无数商机。至今，康巴什累计注册企业近350家，注册资金近百亿元。经济迅速增长，造就了这里的高房价。四星级恒信大酒店，豪华套间每晚1188元，单人间398元。2004年鄂尔多斯房地产的均价在1200元每平方米左右，到2007年时均价达到5000多元。2009年，房价再次大幅上涨，达到7000到8000元每平方米；2010年房价小幅上涨，普遍涨幅为600到700元每平方米。当时，一些高档住宅或商业地产售价已达到2万到3万每平方米。

这种市场的投机行为，让房地产市场价格虚高不下。而鄂尔多斯民间资金投资领域不是很宽泛，大部分都用在地下钱庄、民间借贷这块，主要投向也是房地产。很多人为了把钱借给开发商，还要找关系。房价上涨，煤老板买房意愿强烈，开发商拼命吸收高利贷盖楼。老百姓家里全部存款都放了高利贷，这些钱大都被投向了房地产项目上。

▲ 鄂尔多斯房价暴跌 75% 工程项目停建（中新社 樊甲山 / 摄）
2012 年 9 月 8 日，蓝天白云下的鄂尔多斯市区停建楼盘。中国房地产指数系统调查数据显示，2012 年 7 月鄂尔多斯房价出现环比最大跌幅。鄂尔多斯房价已从最高时的每平方米 15000 元至 20000 元跌到每平方米 3000 元，且 75% 工程项目已经停建。

但是，随着房地产商的民间借贷市场崩盘发生后，房地产企业在无法获得民间贷款后，资金链已经断掉。80% 以上的建设项目都已经停了，而这些房子的投资 60% 以上来自于普通市民，更可怕的是，背后的民间高利贷已经让债务翻番了。在这个节点上，所有人都想拿回自己的本息，局面失控了。大家都很清楚，即使降价也没有人买，而且还会导致已购房者的不满，所以鄂尔多斯的房价如同停工的建筑一样停滞了。众多放贷者血本无归，老百姓的钱顿时似乎像蒸发一样没了。

现在，所有人想的就是要债，老板即使还有一些余款，他们也不再支付债务了，因为远远不够。开发商是在2.5分甚至3分月利息的基础上筹得的建设资金，如果两个亿的话，其中有一个亿是民间集资，那么这一个亿可能已经形成了三个亿的债务。更可怕的是，过去几年，开发商利用高利贷滚动，进入到市政、建筑、矿产、酒店等多个行业，一旦形势不行了，所有的债务都将越滚越大，所以即使资金已经回笼的楼盘也会受到牵连。

而鄂尔多斯民间借贷危机爆发后，大批在当地打工的外地人也“大撤离”。这座曾经吸引众多淘金者的小城一下子变得冷清寂静。数以百计的建筑工地安静地矗立在城市里，很难想象以往热火朝天开工时的光景，这与当年的海南的淘金热异曲同工。海南大开发的资金大多来自银行贷款，而鄂尔多斯大多来自民间借贷特别是高利贷；海南曲终人散后酿成巨大金融风险，承担者是金融机构，最终还是国家买了单，而鄂尔多斯是民间金融风险，承担者大多是参与高利贷的借贷者。两者相同之处在于路径都差不多，都是大投资、乱借贷、房地产大开发，到最后曲终人散，凋敝冷清，生产力遭遇大破坏、大劫难。

2010年鄂尔多斯商品房销售面积高达1009.4万平方米，而2010年北京商品房销售面积为1639.5万平方米，前者为后者的近62%。而从人口规模看，鄂尔多斯目前常住人口有194.07万人，而北京常住人口为2018.6万人，前者仅为后者的约10%。在鄂尔多斯市领导讲话中，能看到出现频率最多的词语便是“大手笔、大气魄”。如果没有这次危机，地方政府这样的设计也没有什么诟病，也许十年之后，二十年之后，鄂尔多斯吸引了大量外来人才，成为真正的百年城市。更何况，追求城市化，大手笔规划是当前多数地方政府的做法。但不同的是，鄂尔多斯有着大量的民间资本，这在某种意义上，助推了当地对房地产建设的疯狂。于是，在政府的大手笔规划下，人们热衷买房保值升值，人们热衷放高利贷到房地产市场去，以期能从房地产这里拿到更高回报。鄂尔多斯人目前寄希望于中央能够“救援”或者放松调控，但如鄂尔多斯一样的城市，真正冷静下来，考虑自身实际发展状况了吗？而其他正在如火如荼建设住宅或者商业地产的城市，真正考虑自身的需求了吗？

这种“拼命挖资源——赚大钱——民间借贷——房地产大泡沫——资金链条断裂——房地产泡沫破灭——金融风险爆发——各种产业都遭受毁灭性打击”的经济链条，给我们最大的教训是：必须拔掉房地产泡沫这个总祸根。鄂尔多斯高利贷之所以泛滥，之所以那么多人参与，主要是拿房地产泡沫的暴利为诱饵，吸引了高利贷。这两个行业有一个出问题就将全盘皆输：民间高利贷抽走资金或者资金链条断裂，那么，房地产泡沫必然迅速破灭；房地产泡沫破灭又使得高利贷血本无归，房地产和高利贷者两败俱伤，最终爆发经济和金融风险。

而对于金融，一定要实行最严格的监管和最有效的管理。金融是国民经济的枢纽，是现代经济的核心，“枢纽和核心”一旦出现混乱，整个经济必乱。放松对金融监管等于放老虎，放出的老虎是要吃人的。目前，许多地方民间借贷包括高利贷出现一定程度的泛滥，乱集资、乱办金融机构甚至变相非法吸收公众存款都时有发生，必须进行强力整顿。同时，温州金融改革试验区的步伐一定要走稳妥，一定要把防范风险放在第一位，要把不能吸收公众存款作为底线。

我国经济再也经不起粗放式发展、泡沫式发展和投资炒作的折腾了。一定要通过税收政策等的调节，使得做实业、搞实体能够赚钱。通过宏观政策调控把生产要素合理分配到实体经济和虚拟经济上。

14.

“黑色星期一”是怎么回事?

经常关注经济新闻，尤其是关注股市的朋友，一定听过“黑色星期一”这个词。关于它的言论频见报端，一些股评家、主流媒体喜欢用它来抓眼球，吸引读者。你可能知道，所谓的“黑色星期一”就是指股价要大跌了，它已经是股市中的“典故”了。那么你是否清楚这典故到底出自何处？以下就为大家追根溯源。

“黑色星期一”是指1987年10月19日（星期一）的世界性股灾。当日全球股市在纽约道琼斯工业平均指数带头暴跌下全面下泻，引发全球金融市场恐慌，并波及全球，随之而来的是上世纪80年代末的经济衰退。

该事件是这样的：1987年10月16日（星期五）纽约股市经过夏季连创新高后，在当日下跌逾91点（约5%）。但因时差，美国东岸时间较其他各主要金融市场较迟开市，当纽约股市暴跌时，其他市场已休市，并未被波及，甚至与纽约股市同步的多伦多股市也未受影响，似乎只是一次股市正常的回调。10月19日（星期一），全球各地股市陆续开盘，悉尼股市首先开市未见异动，市场还正常运转。可这已经是暴风雨前最后的平静了。香港时间10月19日早上10时，香港股市准时开市，恒生指数开市即受纽约影响，恐慌性狂跌120点，中午收市下跌235点，全日收市共下跌420.81点，收市报3362.39点（跌幅超过10%），各月份期指均下跌超过300点跌停板。不仅如此，受香港暴跌影响，东京、新加坡等亚太地区股市全面下跌，股市的恐慌情绪如多米诺骨牌效应一般，随着各时区陆续开市扩展至欧洲市场，并最终绕地球一圈又回到纽约：道琼斯工业平均指数在10月19日大幅下跌508点（逾20%）。仅仅一天时间，美国的股票市场就大幅度缩水超过五千亿美元。事后，有美国人这样回忆：这是一个“黑色星期一”，一个“华尔街历史上最坏的日子”，“是最令人难以置信的一天”。因为那儿没有市场，被称作“自由下跌”。自由下跌，简单地说就是价格一直下跌，没有任何买家。市场的恐慌已经到了极致，装了特殊程序的计算机不停地在卖，任何试图使其稳定下来的努力都失败了。

然而下跌趋势并未结束，整个十月全球股市遭遇了“寒冬”。10月20日清晨，香港联交所宣布10月20日至10月23日历史性地把股市及期市停市四天，以便清理大量未完成交收。10月26日，恒生指数重新开市后全日下跌1120.7点，跌幅达33.3%，是有史以来全球最大单日跌幅，全月更是狂跌45.8%。悉尼股市全月下跌41.8%，伦敦股市全月下跌26.4%，纽约股市全月下跌22.6%。

除香港停市外，其他交易所都定下交易限制，让电脑系统有足够时间清理交易，这让联储局和各国中央银行有足够时间把大量资金注入市场，舒缓市场的恐慌情绪，避免了不断的恐慌性下跌和可能随之而来的金融崩溃。

事后，很多人都在反思这次股灾，因当日根本没有任何不利股市的消息或新闻，因此下跌看似并无实在的原因，令当时很多人怀疑是羊群心理、市场失败或经济失衡引致股灾，至今仍在争论。但这次股灾后，人们便记住了，1987年10月19日星期一，那天全世界是“黑色”。从那之后，黑色星期一便有了特殊的意思，指股市大跌经常出现在星期一的现象。

历史往往是会重演的，尤其是在股市上。2011年8月8日，又是一个星期一，亚太地区又遭受了一次“黑色星期一”，这是由一次评级

▲ 2012 年 8 月 13 日，“黑色星期一”再袭 A 股，沪指大跌 1.5%。

的调整所引起的。2011 年 8 月 8 日，美国标准普尔评级公司继 8 月 5 日将美国主权信用评级由 AAA 下调至 AA+ 后，并把评级展望列为负面后，又将美国贷款抵押融资公司房利美和房地美的评级由 AAA 下调至 AA+。这一举措加剧了人们对次贷危机后世界经济新一轮衰退的担忧，并将这种恐慌都表现在股市上。当日，东京股市日经股指当日开盘下跌 130.21 点。午盘以后，日元对美元汇率回涨至 77：1，更是打压大盘，到收盘时，日经指数下跌 202.32 点，跌幅为 2.18%。韩国首尔股市综合指数和高斯达克指数当日分别暴跌 3.82% 和 6.63%，并因此临时停盘。新加坡海峡时报指数 8 日收盘大跌 3.7%，跌 110.78 点。海峡时报指数当天开盘即跌 2.04%，跌幅随后不断扩大，一度跌至最近一年来的盘中最低点 2847 点，跌幅为 4.93%。澳大利亚悉尼股市 S&P/ASX200 股指下跌 119.3 点，跌幅为 2.91%。新西兰股市 NZX−50 指数下跌 91.06 点，跌幅为 2.78%。菲律宾马尼拉股市主要股指下跌 106.31 点，跌幅为 2.4%。印度孟买股市敏感 30 指数下跌 315.69 点，跌幅为 1.92%。中国香港恒生指数低开 2.56% 后跌幅扩大，至上午 12 时早盘收市前最多下挫 4.3%，收盘时跌幅收窄，下跌 455.57 点，跌幅为 2.17%。中国台北股市暴跌 3.82%，下跌了 300.33 点。中国沪综指亦遭到重挫 3.79%，创年内最大单日跌幅，将 A 股在过去 1 年所累积的涨势已消耗殆尽。

为什么会有“黑色星期一”的现象呢？是偶然还是有科学依据？现在众说纷纭，没有统一的观点，或许根本就没有答案。对该现象的一种解释是因为周末容易公布一些重大负面新闻，所以周一开盘后投资者会有剧烈反应，就容易出现投资者恐慌性抛盘。事实上，全球历史上的股市大跌几乎在周一至周五都有发生。“黑色星期一”只是一句“股谚”，并不构成实质性的投资指导，我们不应该太过相信。况且，如果投资者能在无实质性利空下爆发的恐慌性下跌中保持理性，通常会获得极佳的买入机会，如美国 87 年股灾后 1 年多时间就收复失地。

15. 为什么许多散户开着“宝马”进，骑着“毛驴”出？

近些年来，中国股市中大部分散户都在经历着一场大病，他们发现把自己的闲钱从银行中取出来投到股市后，钱非但不像银行存款那样不断增加，反而越来越少，甚至有些股民是开着“宝马”入市，但却骑着“毛驴”出来。大部分股民在股市赔钱了，这又是为什么呢？

股市为什么能吸引公众将钱投到那里，其实就是因为股市的利率比银行存款利率要高。因此，有人可能会问，那银行不就没有市场了吗？其实银行的存款利率在很大程度上是受国家宏观调控的，变化和调整浮度不是很大。相反，股市的利息是波动的，天天有变化，时时有变化，高高低低，每分每秒都不一样。因此，股民要想在股市中获利，只能是低利率时买入，高利率时卖出——低吸高抛，这样股民才能从中获利。

如何掌握这个进出买卖股票的准确时间，这就成了股民赚钱的关键问题。由于市场变化多端，作为仅仅具备普通炒股技巧的股民对股市信息获取的渠道有限，对这个准确时间并不容易把握。所以各种炒股的技术和办法也就应运而生，各种股市论坛、讲座和培训班有了市场也就不足为奇了。从比较完善的市场经济体制来看，股市的确是市场的“晴雨表”，正常的市场经济所反映的股市一般是正常平稳向前发展的。股市真正按市场规律运行的话，其实波动范围不会很大，一个国家的股市如果大幅上涨和下跌，都说明这个国家的经济或多或少出现问题了。

其实大家更多的是在炒一种预期，就是期待的是上市公司发展后的高额的红利分配，而这是需要一定时间等待的，再加上买卖股票操作上的一些规则，如需要付交易手续费、印花税等。因此，就任何一个股民而言，他买卖股票，就像给股市大海中增减一滴水，进出的意义并不十分大。所有散户的这一切操作，都对股市大盘股指波动起不到多少作用。除非有特别重大的意外事件发生，或者重大利好或利空情况出现。

那么，如何在正常情况下吸引股民呢？这就必须让股市在没有出现特别重大事件情况下，也能使股价有相对较大的起伏，给股民注入买卖股票的动力，让他们有买卖股票的机会。显然，要想做到这点，必然要有一定数量的资金能在股市中买卖交易来推动。

毫无疑问，拥有大量资金，并不是所有人都能具备的，必须是有能力组织大资金的财团。也只有用强大的资金牵引股民，带动股市大盘，实现控盘，在股市运行过程中起到领头羊的作用，才有可能知道股市利率波动相对的高点和低点的时间位。

庄家要挣钱，股民散户也要挣钱，这就产生了利益分歧。庄家们是不会让散户知道庄家买卖股票时间的。但是对于散户们，却缺乏组织和领导，并且没有发布消息的权威平台，无法统一行动，即便资金相对于庄家而言也很大，但却是一支游击队，无法和庄家相抗衡。散户炒股只能是自己摸着石头过河了。

和散户比起来，庄家运用电脑分析软件，能自动分析散户资金存储和进出情况，提高他们控制股市大盘工作的效率。比如说，哪些人习惯炒短线、长线，仓位多少，存入股市资金总量有多大等，其实说白了，就是庄家和散户在掌握何时出入股市是存在严重的信息不对称的。

光有这些，应该还不够，庄家要想调动股民进出买卖股票，牵着股民鼻子走，必须还得需要媒体来助阵，因此，各大媒体的股评专家天天分析来分析去，听上去挺神的，好像都和真理似的，实际上到底是谁的代言人，真的不得而知。

但是庄家也很清醒地认识到，有涨有跌，就会使更多散户对股市产生希望。这样就会起到稳定股市的作用，不至于激怒大多股民的情绪，又能给予他们信心继续玩股，还能保证庄家的盈利。因此，庄家会发布利好消息，股评也会积极配合，股民也就跟风。当多数股民特别是炒中短线的人，都追进高价买入后，大盘又可能会掉下来，股市就是这样，反反复复，上上下下，吸引着股民不断进入，从而使他们上钩付出代价，这可以说是另一种隐形剥削手法。

所以说，散户股民在股市往往是后悔的，这也就是散户股民在股市

中玩股票总是玩不过庄家的原因。参与这种不公平的竞争，我们完全可以想象到散户们的风险有多大。

有人会说，庄家这么厉害，为什么我们还要跟着庄家一起买卖股票呢？应该说，跟庄家操作只是股票投资方法中的一种，事实上，跟庄家的胜算并不高。首先，庄家要赚钱，一般不会轻易透露消息；其次，庄家出于要出货让散户接棒的考虑，会放出买入持有的表面消息让散户跟错节奏，这个危害更加大；最后，每个人的资金实力并不相同，庄家的操作方式未必适合散户。庄家在股市震荡中不会出局，但是散户跟错一两次就很难翻身了。

有一点我们必须牢记，散户炒股和炒楼市有很大的不同，炒股是在玩数字游戏，没有任何实物在手下，也就是说，一旦崩盘，其危险比楼市更大。只要散户是一盘散沙，在没有重大事件影响的情况下，股市是平稳的，但这时你存入的钱，至少庄家们可以提走三分之二而不会对市场产生任何影响，他们只要保留三分之一来倒手，平衡股市应该是绰绰有余，如果宣传工作和政策做得好的话，还可以提取更多的资金而不会影响到股市，这实际上也就是股市的银行功能，使大家感觉不到存入股市的钱已经被提走或者说存在的危险，若大家都来取，或超过三分之一的人同时来取，此时就有崩盘的可能，之所以有时出现股市天天跌停的情况，是因为股市里已经没有钱了。

由于股市无须负责归还散户们的本金，这就是与银行的不同，也是它的特色。股市与银行的不同还在于，它可以随时交易和修改利率，还有大小非存在。大小非成本很低，有不少就相当于白送，几乎零成本。因此，他们总是会想方设法在高位出货，赚到更多的钱。当他们出货到一定程度时，散户承受不起了，也就是接不住盘子时，他们就会和庄家一样抛售股票，这时庄家自身的货也就没有人接盘了，股票很难兑现，此时“主力”并不会担心，因为他们成本很低。若他们要想高位出货，必然也是要有个震仓的过程，以减少上方的抛压，以便今后轻松拉高股指，所以他们绝对不担心下跌。如果绝大多数短线散户出逃差不多了，庄家拉升的条件也就具备了，庄家就会想办法拉高股指，提高股票利率。这时他们只要用少量的资金就可以轻松将大盘拉起，将股指提起来，实现无量上涨，因为这时上方抛压已经释放。这种拉升，往往可以高开高走，而且速度会很快，目的当然是引诱你，又不让你买到便宜股票价格，让你高价买入跟进。这时只要用少量的资金，就可以轻松在股市中掀起浪花。

综合以上分析，散户要想打得过庄家，是何其困难的事，别说开着宝马进入，骑着毛驴出来，恐怕到最后连毛驴都没有了。电视连续剧《水浒传》的主题曲《好汉歌》中有句歌词“该出手时就出手”，其实在股市中，出手不难，难的是收手。股票疯涨的时候，股民散户往往会产生强烈的追涨冲动，跌的时候又会产生惧怕心理出现跑的想法，因而常常犯“追涨杀跌”的毛病。要在股市获得最终的成功，除了要学会敢于进攻外，还要学会善于防守，只有做到进可攻、退可守，在适度进攻的同时，及时地将打出去的拳头收回来，才能规避风险、争得主动，为下次出击积蓄能量。

16.

中国股市到底伤在哪里?

1978年改革开放以来，中国实体经济平均以每年9.5%–10%的速度高速增长，GDP总量增长了近27倍；到2011年GDP总量已超过了日本，达47万亿元人民币，成为仅次于美国的世界第二大经济体。中国取得了举世瞩目的骄人成就。另一方面，从1990年上海证交所成立至今，作为“实体经济晴雨表”的中国股市在20多年中却拒绝同步增长，呈熊长牛短状；1993年2月上证指数就曾涨到1558点，2001年就涨到了2245点，但到现在上证指数依旧在2100点附近徘徊，举步维艰，只增长了一倍都不到。约75%–80%的股市投资者都处于亏损状态。有句股谚“一赚、二平、七赔”，说的就是这种现象，股市成了人见人怕的市场。

中国股市到底伤在哪里？关于这个问题，中国的股民、学者、公司高管、政府官员都有着深刻的感受，每个人也许都能滔滔不绝地说出很多自己的理解，甚至是抱怨。关于这一问题的答案太多了，也很难判断出哪一点是最主要的因素，因为股市是个复杂的系统，要保持良好运转，必须得保证每个零件的正常工作。这里主要罗列一些社会人士反映较大的几个“小零件”。

中国股市之伤一：“重融资、轻投资，重圈钱、轻回报”

对中国的上市公司而言，资本市场或许是最好的“提款机”，可以通过上市再融资；而对我国的股民来说，股市是个“大赌场”，有着一夜暴富的机会。一个不愿分红，一个不知道分红，非常合拍。我国上市公司中，常年不分红的公司不在少数。证监会统计显示，从 1990 年到 2011 年 7 月，国内 A 股包括首发、增发、配股在内的累计融资金额高达近 4.3 万亿元，其中再融资额达 2 万亿元左右，从 1990 年到 2010 年末，A 股累计现金分红（除去红利所得税后）约 1.8 万亿元。但不得不提的是，出资 4.3 万亿元的普通投资者在上市公司中的股权比例较小，他们从上市公司获得的红利也是小头。与低分红现象相伴随的另一些怪现象是：各类融资活动连绵不绝，ST 类僵尸公司不断上演不死神话，上市公司高管套现潮一波接一波，上市公司利用股市不断提取资金。

一个健康的资本市场，应该是兼具融资与投资功能，其中任何一项功能的出位，必将影响到市场本身的发展。据相关统计显示，国内市场的股利支付率的比例仅为 20%-30%，而海外成熟市场的股利支付率的比

例一般都在 40%–50%。持续的现金分红，是一家上市公司稳健发展的主要标志，对于培育资本市场长期投资理念，增强资本市场吸引力和原动力，具有重要意义。在成熟证券市场，投资者每年分红所得大多数都高于银行存款利息，股票投资被看成是投资者的一种稳定投资方式，投资者进入股市的主要目的是为了分红，其次才是想通过股票价格的上涨来分享经济增长的成果。由于红利收入是投资者日常投资收入的重要组成部分，投资者对上市公司是否分红十分敏感，红利分配也成为吸引投资者选择股票的有力杠杆，使得长期投资受到鼓励，在很大程度上避免股票市场的大起大落。而中国股市一直背负圈钱骂名的根本原因就是，上市公司拿得多给得少，很难使股民依靠分红回报来分享经济增长成果、增加财产性收入，只能从长线投资转向短线投机，通过“高抛低吸”来获取股票差价收益，这也助长了证券市场“重投机、轻投资”的畸形价值取向。

中国股市之伤二：IPO 扩容过快，股市分流严重

IPO 是 Initial Public Offerings 的缩写，中文意思是首次公开募股，也就是首次公开发行股票，简单说就是发行新股。一个完整的资本市场应该是一个开放的市场，允许符合条件的公司进入市场融资，支持其发展。我国也不例外，特别是面对这个很好的“提款机”，不能只让现有的上市公司“提取”，而不让其他公司也进来，这显然有失公允。当 2009 年，尘封了三年的 IPO 重新启动后，那些门外早已“饥渴”的公司开始蜂拥而入，制造了这两年火爆的 IPO 行情。但 IPO 扩容过多，对股市绝对是个利空，股市的目的是搭建融资的平台，资金供给方的资金在一定时间段是有限的，而需求方则大幅融资，这只会让股市资金分流，不利于大盘指数的提升。若干年来中国股市过度融资，2005 年股改以来，市场中积累的十多万亿大小非解禁的压力，也需要有个消化过程；由于

市场没有赚钱效应，投资者亏损累累，撤离这个市场，更延缓了消化过程，市场供需矛盾十分恶劣。失衡的供求关系决定了股市上涨动力的不足，就像一个失血的病人，理论上的治疗措施是要输血，2011年不断加速的IPO发行数量却继续在“抽血”，最终导致了A股的大跌走势。IPO发行机制是必要的，但应该有个很好的调节机制，限制公司过快的、盲目的、“圈钱式”的上市，目前暂停IPO的呼声强烈，值得监管者注意。

中国股市之伤三：信息严重不对称

信息不对称在市场中是常态，融资方和投资方有着天然的信息不对称，即开口借钱的人要比借给他钱的人有更多的信息优势，放贷的人只能通过各种途径去了解借钱人的信息，但肯定没有借钱人那么清楚。而这种“信息不对称”，最终会加大侵害小散户的利益的可能性，因此投资者的利益很难得到维护。

在我国，新股要发行必须要找一家单位作为保荐人，为企业上市做辅导。在这个过程中，中介机构和公司股东们有着共同的目标——上市。具体而言，我国的保荐人多为证券公司，证券公司中通过保荐代表人考试资格的就是保荐代表人，有着签字权，关乎公司能否上市的命运。为了公司上市，这些保荐人往往会先买一定的股票，然后还会请其他同行来一起购买这家公司的股票，这样既可以承销上市公司的股票，又在一定程度上给市场一个信号，这只股票有很高的投资价值，值得持有。保荐代表人为了获取上市成功后高额的佣金收入，也会极力包装这些公司，美化财务报表，并积极宣传，通过发布多份行研报告，推荐该公司的股票。就券商而言，他们自己最清楚该公司股票到底怎么样，等到上市成功后，就会利用自己的信息优势，慢慢地卖出股票套现，而对外还在不断地推荐该股票值得投资。一旦让公司成功上市后，保荐代表人就可能不会花太多精力去关注该公司的后期发展，又忙着寻找下一个项目。而公司大股东也利用一些内幕消息可以尽早抽身，最后就把烂摊子留给了广大的小散户。正如郎咸平教授所指出的：“券商和保荐代表人本来应该是最具专业素质的，最具职业操守的，现在竟然合起伙来骗那些股民。如此侵害中小投资者的利益，岂能不让人心寒，股市如何发展？”

中国股市之伤四：股市退出机制不健全

上市融资对企业来说，应该是获得了市场的认可，只有那些非常优秀的企业才能进入资本市场直接融资。交易所要维持“上市公司”这一招牌，必须靠竞争。也就是要有严格的进出制度，进来的时候严格把关，不满足条件时，坚决清理。让市场来选择，保证市场上留下来的是最有价值的企业。

然而我国股市的现状，基本上是只进不出。有人打比方说，中国股市如果是个病人，这个病人得的是腹积水，严重的腹积水。因为股票只进不出，上市的多，退市的寥寥无几。随着退市新政的出台，目前，A股首批退市名单已悄然浮现，如果暂停上市的公司不能在2012年9月30日前将经股东大会审议通过的重组方案上报证监会，那么就难以在2012年底前完成资产重组，最终将难逃退市厄运。虽然新政出台在完善我国股市退出机制上迈出了重要的一步，但总的来说，我国的股市退出机制还不是很健全。因此，本来是最优秀企业的集合地，最终变成了龙蛇混杂的死水潭。都知道上市就有钱，而且进去以后就可以永享这个“提款权”，IPO不火爆才怪。有一些上市公司，明明业绩惨淡，甚至濒临死亡，但借壳重组概念一来，立刻起死回生。让股民苦恼的是，很难甄别出有价值的投资股票，也导致了有些公司一旦成功上市，就放松经营，坐享收益。所以，要使股票市场这潭死水变活水，证监会必须要下狠心挖通股票退市的渠道。

据相关统计显示，2003-2007年，纳斯达克退市公司数量为1284家，而同期该市场新上市的公司数量为 1238 家，退市公司数量甚至超过了上市公司数量，日本、加拿大、英国的创业板退市公司数量虽然不及上市公司数量，但退市公司数量与新上市公司数量之比均超过 50%，这才是健康的股市。完善退出机制，让股票流动起来，迫使上市公司持续地提高经营水平，努力留在交易所，享受不一样的待遇，让广大投资者自己来选择合适的企业投资。

不可否认，我国股市从成立至今取得了很大的成就。但问题还有很多，有问题并不能说明我们失败了，而恰好说明我们在不断地向前发展。股市的未来要靠监管者的顶层设计，要靠上市公司的努力，要靠中介机构的诚信，更要靠广大股民的信心。只有这样，我们才能更好地发挥资本市场对经济的推动作用，让百姓分享经济增长的财富。

第四章 通胀隐痛

纸币时代给人们带来的最大苦恼便是物价上涨，货币贬值。通货膨胀中谁受益、谁损失，将成为破解通胀隐痛的关键。当百姓无法再面对工资跑不赢CPI的情况下，该拿着自己的钱如何投资和消费，则成为了整个社会所面临的重要问题。

- 为什么会出现通货膨胀？
- 一个国家该印多少钱，谁来决定？
- 为什么中国的钱这么多？
- 通货膨胀中谁受益？谁受罪？
- 通货膨胀偷走了百姓多少储蓄？

17.

为什么会出现通货膨胀?

通胀为何物？简言之，就是百物腾贵，钱不值钱。

“通货膨胀”这一词语据说是起源于美国南北战争时期。“通货膨胀”最简单的通行定义就是“你所需支付的商品价格上涨”。换句话说，就是钱不值钱，“你手中的货币购买力下降”。比如说，在2005年6元一斤的猪肉，在2012年你需要花13元才能买到一斤，而你的工资涨幅远远没有这么大，这就出现通货膨胀了。“通货膨胀就像挤牙膏，一旦挤了出来，便很难把它放回去。”前德国央行行长Karl Poh如此形象地说。通胀猛于虎，普通百姓连连叫苦!

2008年沙氏期间，一名14岁青年在网上发报虚假消息，指香港特首已宣布香港成为疫埠。大批市民信以为真，并将超市货架的食品抢购一空。半年后，没有沙氏，没有不知名病毒，但超市货架的大米仍难逃被清空的命运。那一时刻市民真正害怕的并非沙氏，而是通货膨胀。从2008年开始的这几年，中国持续的通货膨胀使物价普遍上涨，削弱了老百姓的购买力。

通货膨胀如此肆虐，总不能坐以待毙，而要想办法解决，首先究其原因!

众所周知，纸币只是一种纯粹的货币符号，本身没有价值，只是代替金属货币执行流通手段的职能；纸币的发行量应该以流通中所需要的金属货币量为限度，如果纸币的发行量超过了流通中需要的金属货币量，纸币就会贬值，物价就要上涨。因此，纸币发行量过多引起的货币贬值、物价上涨，是造成通货膨胀首当其冲的原因。

但实际的经济运行过程是很复杂的，不同的原因可引起具有不同特征的通货膨胀，而且现实中所出现的通货膨胀往往是由多种因素引起的。

一般来说，通货膨胀有以下几大成因：

首先，新兴市场的崛起使需求大幅增加，从而引起通货膨胀。随着发展中国家的经济发展、生活水平提高，对商品的需求也与日俱增，直接刺激了物价上扬。也就是说会出现“太多的货币追逐太少的货物”的情况。如果总需求上升到大于总供给的地步，此时，由于劳动和设备已经充分利用，因而要使产量再增加已经不可能，过度的需求能引起物价水平的普遍上升。所以，引起总需求增加的任何因素都可能是造成需求拉动型通货膨胀的具体原因，并主要体现在以下几方面：居民生活需求增加，消费上升，使日常消费品价格普遍上涨，并且物价的上涨幅度超过了收入的增加幅度。尤其是农产品以至食品的价格上升。猪肉的价格，最能反映当前中国通货膨胀的情况。以往内地居民对猪肉类制品的需求不大，如今生活富足了，对肉食需求自然上升。据统计显示，发展中国家的肉类，每年人均消耗量为 30 公斤；而美国人光是牛肉，每年每人就吃掉了 58 公斤。加上劳工成本上升，昔日为全球物价降温的世界工厂，倒过来便成为全球通胀的源头。

其次，成本或供给方面的原因也同样会引起通货膨胀。主要是由于能源如石油、电、煤等供不应求，原材料如铜、铁、铝等价格上涨，产生连锁反应，是由厂商生产成本增加而引起的一般价格总水平的上涨。此外，工资是生产成本的主要部分之一，工资上涨使得生产成本增长，在既定的价格水平下，厂商愿意并且能够供给的数量减少，从而造成商品的供不应求，物价上涨。

再次，利润过度增加也会引起利润推进型通货膨胀。厂商为谋求更大的利润导致的一般价格总水平的上涨，与工资推进型通货膨胀一样，具有市场支配力的垄断和寡头厂商，可以通过提高产品的价格而获得更高的利润，与完全竞争市场相比，不完全竞争市场上的厂商可以减少生产数量而提高价格，以便获得更多的利润，为此，厂商都试图成为垄断者。结果引起价格总水平上涨，导致通货膨胀。

一般认为，利润推进型通货膨胀比工资推进型通货膨胀要弱。原因在于，厂商由于面临着市场需求的制约，提高价格会受到自身要求最大利润的限制，而工会推进货币工资上涨则是越多越好。进口商品价格上涨会引起进口成本推进型通货膨胀。造成成本推进型通货膨胀的另一个重要原因是进口原材料的价格上升，如果一个国家生产所需要的原材料主要依赖于进口，那么，进口商品的价格上升就会造成成本推进型通货膨胀，其形成的过程与工资推进型通货膨胀是一样的。如 20 世纪 70 年代的石油危机期间，石油价格急剧上涨，而以进口石油为原料的西方国家的生产成本也大幅度上升，从而引起通货膨胀。

引起通货膨胀的原因除了以上所述之外，不能不提美元因素。以往，美国的金融制度稳健，给人较大信心，因此大部分国际交易的原材料价格均以美元计算。但是美国经历次贷危机之后，带来衰退忧虑。为解决次贷危机引发的信贷收缩问题，并防止经济陷入衰退，美国联邦储备局大幅减息，而且多次为市场注入资金。经济下滑加上低息，美元汇率下滑，结果令美国及与美元挂钩的地区，因为进口商品的美元价格较昂贵，而产生输入型通货膨胀。只不过，对于非美元区来说，美元贬值反而可舒缓通货膨胀。回顾历史，上世纪 80 年代，油价升至每桶 36 美元的高峰（算入通胀因素，约等于现时 100 美元），当时美国通胀高达两位数字。不过在这段期间，美元兑日元贬值了六成。换言之，对日本消费者而言，现时的油价只及当年的一半而已，对日本人来说，油价是便宜了而非昂贵了。

通货膨胀一旦形成，便会持续一般时期，也就是说形成了通货膨胀惯性，对通货膨胀惯性的一种解释是人们会对通货膨胀作出的相应预期，如人们预期的通胀率为10%，在订立有关合同时，厂商会要求价格上涨10%，而工人与厂商签订合同时也会要求增加10%的工资，这样，在其他条件不变的情况下，每单位产品的成本会增加10%，从而通货膨胀率按10%持续下去，必然形成通货膨胀惯性。如此循环，人们会产生对通货膨胀的恐慌感，这种恐慌感并不在于物价的上涨，反而在于它会引发信心危机，造成通胀恐慌。要是老百姓对政府控制通胀的能力失去了信心，担忧通货膨胀会失控，从而抢购粮食，并要求大幅度加薪，那通胀就真的落入恶性循环的失控局面，情形就好像银行挤提的谣言会真的引发挤提一样。“东南亚各国限制食米出口”、“澳洲稻米失收”、“食米价9天飙升四成”，看到这些报道，又怎不令人触目惊心？事实上，自从传出粮食供应紧张后，民众立即走到各大小超市买米，结果当然是进一步刺激食米价格。

在实际的经济运行中，造成通货膨胀的原因是复杂的，因各种原因同时推进价格水平上涨，常会造成供求混合推进型通货膨胀。假设通货膨胀是由需求拉动开始的，即过度的需求增加导致价格总水平上涨，价格总水平的上涨又成为工资上涨的理由，工资上涨又形成成本推进型通

货膨胀，如此各因素相互影响就形成了复杂的混合型通货膨胀了。

根据国家统计局2011年1月20日公布的数据显示，2010年中国全年居民消费价格指数（CPI）持续上涨，从年初的1.5%一直上涨至11月份的5.1%的高位，12月份CPI同比上涨4.6%，环比上涨0.5%，全年涨幅为3.3%。2010年的物价上涨，使中国社会出现了大量的“物价新鲜词”，例如“蒜你狠”、“豆你玩”、“油不得你”、“姜你军”、“糖高宗”等，各种物价新名词层出不穷，戏说中透露出的是因通货膨胀导致的物价高涨。

至于中国当前的通货膨胀产生的主要原因，是由于工业扩张导致生产资料短缺。由于要应对经济危机，政府大量增加流动性，主要指宽松的货币政策和政府投资。2008年年底中国的救市政策投出去4万亿；2009年中国建铁路、修高铁又投了1.5万亿。如此多的钱在短短的三五年内是否能收回？虽然经济复苏了，但投出去的钱若不能及时回收，就会导致市场上钱太多，而我们的经济实力并没有增长这么多，自然就出现通货膨胀了。

18.

一个国家该印多少钱，谁来决定？

现实生活中，每个家庭都有这样的经历，有了一定的储蓄后，就可以开始规划，用多少来投资，用多少来消费，消费中是先买房子还是先买汽车？这就是最基本的货币管理。当我们把这种货币管理上升到国家的高度时，就会遇到这样的问题，这个国家到底需要多少钱？应该由谁来决定？这是个非常有意思的话题。

在实物货币时期，并不需要考虑这个问题，比如以贝作为货币，那么只要整个部落中有多少贝，就可以有多少贝流通。到了金属货币阶段，早期金银是可以直接在市场流通，人们用金银直接交换，而且个人也可以随意锻造手中的金银形状，各国只是在法律上规定金银的成色。后来，金银逐渐退出流通领域，由国家掌控。取而代之的是央行发行的银行券，但银行券可以随时兑换成金币，货币的发行权主要是指银行券的发行权。要保证银行券的信誉和货币金融的稳定，中央银行须以黄金储备作为支撑银行券发行与流通的信用基础，黄金储备数量成为银行券发行数量的制约因素。银行券的发行量与黄金储备量之间的规定比例成为银行券发行保证制度的最主要内容。由于黄金是自然之物，其数量要受资源分布和开采情况而定。所以这时候的央行只是被动地发行银行券，而真正决定银行券流通数量的是黄金储备。

在进入 20 世纪之后，金本位制解体，各国的货币流通均转化为不兑现的纸币流通。不兑现的纸币成为纯粹意义上的国家信用货币。在信

用货币流通情况下，中央银行凭借国家授权以国家信用为基础而成为垄断货币发行的机构，中央银行按照经济发展的客观需要和货币流通及其管理的要求发行货币。就这样，在现代社会中，中央银行合理合法地成为了货币发行权掌控者。

虽然现代社会中由中央银行来执行货币发行权，但是各国央行也并不是想发多少就发多少，也需要有一定的测算标准。总的指导原则是，根据经济体中的货币需求量来确定。所谓的货币需求量是指一国在一定时期因国民经济发展水平、经济结构以及经济周期形成的对执行流通手段与价值贮藏手段职能的货币的需要量。生活中需要多少，央行就印多少，能做到货币供需平衡，就是央行的最高境界了。那么央行又是怎么评估现实货币需求的呢？有人说，国民经济发展水平是决定货币需要量的主要因素，故通常以经由货币媒介的最终产品和劳务的总价值即国民生产总值（GNP）来表示，也有学者以国民财富总值作为决定货币需要量的主要因素，还有人认为货币源于商品交换并服务于商品交换，因此，货币需要量直接由流通中商品量所决定。总之，根据这些标准，能大概地估算出一个货币需求量，然后印出不同面值的纸币，投放到经济体中，让经济体开始运转。在这个过程中，央行很难做到非常精确地估算出一个国家的货币需求量，其实也没必要精确，因为现实中有太多不可控的因素。央行的逻辑是，首先估计一个大概的需求量印刷纸币，然后根据市场的反应来进行调整，如果货币流动性非常紧张，则可以继续加印，如果流动性过于充裕，则可以通过发行债券等方式回收，加上经济的不断发展，这也客观要求货币供给量不断的调整。关于经济体中“第一动力”，争议并不大，真正讨论不休的是央行该如何调整。

央行的“相机抉择”

在上世纪30年代大萧条后，凯恩斯主义为国家干预经济提供了理论依据，加上现实的需要，很快被统治者采纳，成为了主流经济学思想。因为在这之前的古典经济学认为，国家只是一个“守夜人”的角色，不能干预市场，市场可以自动调节来化解经济波动。国家要做的就是创造一个稳定的大环境。然而，大萧条的到来让古典经济学站不住脚。凯恩斯主张国家应该干预市场。市场无法实现自我均衡，必须依靠国家来宏观调控。宏观调控的工具就是财政政策和货币政策，并提出了“相机抉择”的权变观点，在他们看来，经济生活仿如一条有着荣枯周期的河流，而货币供应就是一道闸门，政府作为“守闸人”，应时刻根据“河流”的荣枯状况，相应地关闭或开启“闸门”，从而达到平衡货币供求、缓解经济波动的目的。也就是说，央行认为经济出现过热的苗头，就收回一些货币，如果出现了紧缩的征兆，就投放一些货币刺激经济。总之，央行应该根据经济的变化情况逆经济周期操纵，一切由央行说了算。

央行的“无为而治”

由于凯恩斯主义一直是战后经济学的“主流”，因此，“权变”的货币政策自然成为西方各国的正统。不过，自上世纪50年代后期起，一股反对“权变”的理论旋风从美国东部刮起，高举这支大旗的领袖是现代货币主义学派的“掌门人”弗里德曼。他在其编写的《美国货币史》中，通过大量的统计令人信服地证明了美联储的货币政策是美国经济波动的直接原因。在弗里德曼看来，中央银行难以掌握成功实施权变政策所需的必要信息，无法准确预测经济的未来走向，更不用说去把握现实社会对货币政策作出反应的时间和程度，这样，政府在扩大和收紧货币供应量时，就难免会做过头或做不到位：要么对经济刺激过度，要么紧缩过度，从而导致与最初愿望相反的结果，更加促成经济的波动和不稳定。由此可见，政府要当好“守闸人”并非易事，弗里德曼认为，政府与其手忙脚乱，倒不如无为而治，制定出一个长期不变的货币投放增长的比例规则，比如，货币当局在确定货币供应量时，牢牢盯住两个指标：一个是经济增长速度，另一个是劳动力增长比例，并提出了把货币供应的年增长率，长期地固定在与经济增长率以及劳动力增长率大体一致的水平上。这就是著名的“简单规则”或“单一规则”的货币政策。

究竟是央行根据自己的判断来调整货币供给量好呢，还是根据固定规则来实施好，经济学界至今争论不断。目前，大多数国家仍然采用的是相机决策。央行根据自己的判断来调控货币供给量，虽然可以灵活机动地调整货币供应量来避免经济有大的波动，逻辑非常完美。但现实中确实存在很多问题，如央行能否独立客观作出判断？这要求央行需要有上帝般超高的智慧和技巧，在恰当的时点上，以恰当的力度和适当的工具操作货币政策，方能收到预想的效果，如果在时点、力度和工具上哪怕出现很小的差错，调控的结果和初衷都可能大相径庭，甚至适得其反。

“交给上帝来决定”

如今，全球范围内通货膨胀愈演愈烈，不断地蚕食着百姓辛苦创造的财富，有学者认为这正是央行控制货币发行权的后果。是不是央行经常扮演着，既“放火”又“救火”的角色？为了抵抗通货膨胀，应该主张限制央行的货币发行权，采纳固定规则的货币政策？更有奥地利学派指出，应“收回货币发行权交由上帝”。

实际上各国在印发货币的时候，所依据的原则和机理都是不一样的。没有固定的模式，只有根据本国经济形势加以选择和执行。

19.

为什么中国的钱这么多?

“钱太多”，“流动性过剩”，这是当下时髦的话题。

实际上，在全球范围内，中东石油的“钱”、俄罗斯与加拿大自然资源的“钱”、美国高科技的“钱”等等，到处是“钱”，以至于开放式基金、对冲基金、私人股权基金公司，动辄就管理几百亿、几千亿美元!

在中国，“钱”真是多得不得了吗?如果按广义货币与GDP之比来衡量，那么，1980年中国的广义“钱”量只是GDP的22%，相对于每1元钱的GDP只有0.22元钱在流通。从那以后，随着市场化改革的深入，中国经济的“钱”化程度直线上升，社会上的确到处是钱，的确形成了更多的钱去追逐更少的产品的现象。

从表面上来看，今天中国的钱似乎太多，是一种非理性繁荣，中国的货币供应水平也是历史上少有的，比世界其他国家都高。不过，单纯从货币供应占GDP之比还不能判断“钱”是太多还是太少，关键还要看通货膨胀率的高低。如果通货膨胀不是问题，货币供应、资本供应得再多也没问题，这就是为什么现在各国中央银行都以控制通货膨胀为货币政策的目标。虽然各国货币供应多，但目前主要国家的通货膨胀率却都在2%至3%左右。

跟以往历史时期比，今天的世界到底是怎么回事?是不是全球金融泡沫严重，而且会像一些人预测得那样不久要破灭?这些的确是新时代的新现象，我们不妨借这种难得的历史时期，来重新审视资本的奥秘，以看清当今经济的根本特征。以往，我们更关注工业革命对人类社会的影响，却忽视了发生于过去的金融革命。不认识这场金融革命，就难以认清资本的奥秘，当然也就不能深入理清正在中国发生的经济与社会变革，怎么使得中国当前有这么多的钱。

众所周知，土地是财富，但它不一定是资本，更不一定是钱。那么，作为财富的土地是怎样转换成钱的呢？首先，土地必须能买卖交易，否则它既不是钱，又不能转换成资本。比如，如果土地是国有，就不能被买卖，土地顶多是财富，不是资本，也不能变成钱，更生不了多少钱。如果土地是私有并且能被买卖，那么土地与钱之间只有一次交易相隔，土地就能随时变成钱。土地的“产权证”最重要，“产权证”的流动性使土地权成为资本，以资本的形式让土地所承载的财富赚更多的钱。

市场化改革是中国的钱变得更多的一个重要原因。的确，现在中国人的钱很多，买房有钱，投资有钱，到境外旅游有钱，买奢侈品、高档车有钱。这到底是怎么回事？中国这种增长到底能持续多久？为什么在市场制度、法治秩序还不十分健全的中国，其经济仍然能持续增长这么多年？

由于改革开放，让中国人有了富起来的机会。30 多年的改革开放中，从 1978 至 1990 年代中期，其核心是给老百姓买卖东西的自由，他们有选择生产什么、到哪里卖、如何卖的自由，包括劳动力市场与创业市场上的自由，那是从计划到市场的“市场化”或者说“钱化”阶段。从 90 年代中期开始，尤其是 1998 年之后的阶段，可以称之为“资本化”时期，就是让企业资产、土地和各类自然资源、劳动者未来收入流动，都可通过产权化、证券化或者金融票据化转变成流通的金融资本。一个国家可以卖的东西越多，或者已经资本化或能够被资本化的资产和未来收入流越多，它的“钱”自然就越多。

市场化改革，使几乎所有的有形和无形的东西可以在市场上交易，包括各类农产品、制造品、劳动力、房产等都可交易，市场的交易自由度在逐年上升。不管是国内贸易、出口贸易，还是简单的日常市场交易，这些都需要货币支付，自然对“钱”的需求上升了，“钱”的供应必然要上去。因此，在商品产出相同的情况下，市场化程度越高，货币相对于 GDP 的比例必然会升高。与此同时，外贸出口在逐年猛增，这本身就加快了中国资源和劳动力的变现规模和速度，必然也使中国钱多。

中国钱多的原因还不只如此。首先，货币化的上升催化人口流动、跨区域贸易。也就是说，如果市场很发达，“钱”的供应也就不怎么稀缺了。你出游之前可先把自己产的粮食、蔬菜、家禽等在本地市场卖掉，换成“钱”，然后带着“钱”而不是物品出差，每到旅游景点的餐馆、酒店用现金支付即可。现在更方便了，出门连现钞都不用带，信用卡更方便，远道旅行就容易得多。因此，货币化发展对人口流动、异地贸易是一种根本性的催化剂。其次，人口流动的增加、异地贸易的上升也反过来增加对“钱”的需求，又刺激中国经济货币化水平的提升。如果你哪里也去，既不远游也不外出的时候，你对“钱”的需要会很少，钱在经济中的用途少了，那么分量也会低了。可是如今，一旦远游盛行，一旦异地就业日益普遍，金融在经济中的地位会越来越高，“钱”相对于经济产出的比例就越大。

社会“钱化”的另一个催化剂便是城市化和工业化。中国的城市化和工业化也在飞速发展，改革开放之初，中国的城市人口占 16%。中国社会科学院 2012 年 8 月 14 日在北京发布《城市蓝皮书：中国城市发展报告 NO.5》。蓝皮书表示，中国城镇化率首次突破 50% 关口，城镇常住人口超过了农村常住人口。蓝皮书介绍，2011 年，中国城镇人口达到 6.91 亿，城镇化率达到了 51.27%。人口城镇化率超过 50%，这是中国社会结构的一个历史性变化，表明中国已经结束了以乡村型社会为主体的时代，开始进入到以城市型社会为主体的新的城市时代。就像美国社会

的经历一样，工业和服务业的发展以及城市化，也使中国社会的货币化程度上升，因此“什么都需要钱”了！这不是一种价值判断，也不表明中国人本质上更自私、更自利了，而是工业化与城市化后生活方式、工作性质的需要。农村人的温饱可以通过自己的双手、不用现金就能实现，而城市人连基本温饱都要用钱买。所以，因工业化和城市化而增加的货币供应不是在制造虚假繁荣，由产业结构调整而增加的货币供应也是事出有因。

中国“钱”越来越多的更重要原因则是过去十几年资本化改革。一个国家资本化或者能够被资本化的财产和未来收入流越多，它的“钱”自然就越多。我们知道，一个国家的核心资本源在三方面，一是土地和自然资源，二是企业财产和未来收入流，三是社会个人和家庭的未来劳动收入。但把这些资产、未来收入流转变成“钱”或“资本”的前提条件是这些资本源能被买卖，最好是能自由买卖。

改革开放前中国所有土地和自然资源都为国有，不能交易买卖，所以，那时的土地、自然资源是财富，但没有资本价值，因为它们是“死”的。企业基本全是国有、集体所有，它们的财产和未来收入也不可以交易，不能买卖，不能转换成钱。那时，老百姓的未来劳动收入不可能被金融票据化。

市场化改革只是缩短了“财富”与“钱”之间的距离，而资本化改革则是过去十几年中国“钱”越来越多的更重要原因。也就是说，1990年后改革的直接效果是将以下四大类“财富”转换成“资本”，使中国的金融资本大增。一是土地和自然资源，二是企业财产和未来收入流，三是社会个人和家庭的未来劳动收入，四是政府未来财政收入，这四类财富是几乎所有国家的核心资本源。在1998年住房市场化之后，各地政府每年将部分土地出售，供房地产开发或者工业建设，这是土地的直接货币化，因而中国各地方政府拥有了巨额的“土地财政收入”。另外，在住房私有并可交易的情况下，房产又可拿来作抵押借贷，通过住房按揭贷款，将房产所占用的土地、房子本身的资产以及业主自己的未来劳动收入作金融资本化，再以产权契约的形式自由买卖，将这些财富转变成钱，如此一来中国的钱自然就更多了。

20.

通货膨胀中谁受益？谁受罪？

有人说，通货膨胀损失最惨的，将会是一些大款和富豪。因为他们钱太多，一旦通胀到来，损失必定惨重！而事实并非如此！通货膨胀最直接的影响是物价上涨，货币贬值，但对于穷人和富人的影响却是完全相反的。

德国就有一个经典的通货膨胀案例。1923 年德国的经济状况为恶性通货膨胀，如果 1922 年 1 月的物价指数为 1，那么 1923 年 11 月的物价指数则为 100 亿。如果一个人在 1922 年初持有 3 亿马克债券，两年后，这些债券的票面价值早就买不到一片口香糖了。沃伦教授和皮尔逊教授曾将德国的通货膨胀数字绘成书本大小的直观柱状图，可是限于纸张大小，未能给出 1923 年的数据柱，结果不得不在脚注中加以说明：如果将该年度的数据画出，其长度将达到 200 万英里。德国在一战败北之后，丧失了 1/7 的领土和 1/10 的人口，各种商行及工业产品均减少，同时按 1921 年金马克赔偿 1320 亿赔款。在操作中，德国不得不靠发行纸币来渡过难关，结果是陷入灾难的深渊。当时政府以极低的利率向工商业者贷款，同时投放巨额纸币，它们又很快贬值，从而债务人得以有廉价的马克偿还贷款。“富人”在通货膨胀中发了大财，“穷人”却面临崩溃，为生存而担忧。

通胀肆虐，“偷走”我们的美好生活！

对贫苦老百姓来说，听见通货膨胀便为之痛恨。原因何在？记得全球畅销小说《追风筝的孩子》中，主角阿米兰的父亲曾义正辞严地作一番告诫："世界上只有一种罪行，那就是偷窃，其他罪行都是从偷窃变化而来的。偷窃是不容原谅的罪，是一切罪恶共有的本质。你杀了一个人，就偷走一条生命。"事实上，通货膨胀的原理也一样，物价普遍上涨，削弱了我们的购买力，犹如偷走了我们未来美好的生活。

普通老百姓除了想今天生活得好之外，亦希望能安享晚年，养育好子女。我们应储蓄多少才能达到退休的目标？应拨出多少收入作为子女的教育基金？答案人言人殊。但无论如何，我们必须知道的是，通胀会随时拖垮你的储蓄大计！

在2008年4月，反映香港通胀的综合消费物价指数按年升幅为5.6%，但其中食品项目的升幅较大，猪肉上升59.3%，牛肉上升51.4%。换言之，现在以相同价钱买一块猪肉，其体积比一年之前缩水了逾三成半，牛肉少了逾三成。这些通胀的压力，我们都可以感受得到。

根据央行数据显示，2010年9月末，广义货币余额已经达到了69.64万亿元，按照国家统计局发布的前三季度GDP达26.866万亿元计算，超发货币将近42.774万亿元。[1] 而2010年9月，我国CPI同比上涨3.6%，涨幅创23个月新高。通胀最大的受益者是新增货币最早流入的行业。

对于通货膨胀劫贫济富的再分配效应，通过举实例更容易理解：通货膨胀前，富人拥有两套各价值100万的房产，穷人拥有50万存款，富人的财富相当于穷人的4倍；通胀时，单套房价涨至150万，那富人的财富变为300万的资产，而穷人依然是50万的存款，富人的财富变为了穷人的6倍。并且，穷人以前能买半套房子的钱，现在只能买到三分之一套，购买力在下降。当然，房价的 上涨不完全是通胀因素，这里举例只为说明通胀情况下对富人的不动产和穷人存款的不同影响。

[1] 数据来源：《央行超发43万亿人民币引发通胀》，网易财经，2010-11-02，http://money.163.com/10/1102/06/6KFD6KH800252G50.html.

◄10元购买力 全国人大代表林道藩利用会议间隙到北京西绒线菜市场进行调研。他用10元钱买东西，可买3个苹果或者5根黄瓜或者5张地铁票。

通货膨胀使贫苦老百姓通胀保值权利被压制，血汗钱大量缩水，也必定会使贫苦老百姓痛彻肺腑，伤其筋骨！

在通货膨胀中，不仅仅是房价上涨，几乎所有的商品都会普遍上涨。然而，因为物价上涨不是同步的，而价格最晚上涨的，往往是距离权力中心最远的企业和行业。当通货膨胀波及到最为重要的终端消费品——食品时，其他行业早已普遍上涨，通货膨胀已造就了其他行业大量的受益者。比如农民的收益与农产品有关，但是农产品的价格上涨，往往是因为生产资料的先期上涨，如柴油、化肥、农药价格的上涨，此外，农产品价格上涨还受到流通领域的运输、销售等环节的影响，通货膨胀下的农民所生产农产品的利润率受到两头的挤压，其利润率提升非常有限。正如前些年大蒜价格疯涨时媒体报道的那样，其实农民的收入并没有比往年大幅增长。

通货膨胀的再分配效应有利于债务人，不利于债权人！

实际的情况往往是，富人贷款扩大再生产，是债务人；穷人为保障看病、养老、子女上学而把存款“借给”银行，是债权人；通货膨胀有利于利润收入者和浮动收入者，不利于固定收入者；而富人特别是商人，往往是利润收入者，而工薪阶层主要是固定收入者；通货膨胀有利于实物财富所有者，不利于货币财富持有者；富人往往拥有众多的实物财富，而穷人多是存款救急；通胀有利于政府，相当于政府征收通货膨胀税，不利于普通民众。富人拥有更多的财富，但这些财富并不仅仅是银行存款，而是房产、企业等实体，众多的富人是通过向银行贷款进行投资。在通货膨胀下，房产等具有保值作用；而在当下相当于负利率的情况下，贷款者也是通货膨胀的受益者。对穷人而言，拥有的保值固定资产相对较少，甚至没有，拥有的或许只是养老、看病用的存款，在通货膨胀下，这些存款也在贬值。显而易见，通货膨胀具有逆向再分配的效应，即让富人更富，穷人更穷。

富人的商品趁机提价，根本原因是富人“不差钱”！

供富人消费的高档产品，尤其是奢侈品，在通胀背景下，以生产成本上涨为借口大肆涨价。通货膨胀使得富人更富，购买力提升。此外，富人对其所消费的商品价格也不如普通人敏感。这两个因素为这些商品提价奠定基础。

据世界奢侈品协会发布的数据显示，截至 2011 年底中国奢侈品消费总额达 126 亿美元（不包括私人飞机、游艇与豪华车），全球占有率 28%。中国已经成为全球占有率最大的奢侈品消费国家，在全球扮演举足轻重的地位，预计到 2014 年，中国奢侈品市场将达 146 亿美元。

最突出的是，高端白酒的涨价则更为凶猛，茅台的终端价格早已突破千元大关，自 2006 年 2 月至 2011 年，共发布了 5 次涨价公告，涨幅从 10% 至 20% 不等，短短五年时间，涨幅早已翻倍，有些地区高达上千元。但是，按照酿造茅台“1 斤酒 5 斤粮”的说法，酿造一斤茅台酒需 2.4 斤高粱和 2.6 斤小麦，按现在的市场价格计算，高粱和小麦的每斤价格仅

1 元多，5 斤粮食的总价不超过 6 元。而茅台等高端白酒每年的毛利润率一直维持在 80% 左右……对企业来说，通胀同样有着劫贫济富效应，生产富人商品的企业在通胀中通过提价利润率大增，而生产穷人商品的企业则生存日益艰难。

没有不痛的通胀，问题是，穷人更疼！

高收入者在通胀时有更多的应对策略，例如投资房产、股市。因为伴随通胀，房市、股市会随之上涨，吹大泡沫，这自然会提高高收入者拥有财富的价值！至于衣食住行方面的投入增加，对高收入者来说根本不值一提。

对于低收入者情况就不大一样了！低收入者的消费开支占收入的比重比较高，同时规避通胀的渠道比较少。在社会群体中，越是穷人越没有足够的社会保障，就只能自己攒钱养老、供子女上学，因此只能通过储蓄来寻求保障，而这些储蓄除了银行利息外，又没有合适的投资渠道获得更高的收益。当银行利息低于通货膨胀率的时候，实际的利息其实是负的，也就是说存在银行里其实是亏本的，但没办法，不存就亏得更厉害。在这种情况下，对于低收入者而言，收入的很大比例要用来购买食品，当食品价格上涨 30%，他们辛勤劳动换来的积蓄就不见了三分之一。这种损失，没有任何投资回报可以弥补。

所以说，通货膨胀对低收入者更不利。穷人更加深刻地体会到通胀带来的痛楚！

对比权衡通货膨胀中的损益分成，从微观的角度来说，债权人是通货膨胀的损失者，而债务人是赢家。从宏观的角度来说，总体经济是最大的输家。此外，另一些受害者还包括固定收入者，以及采用价格浮动借贷市场的人。

21.

通货膨胀偷走了百姓多少储蓄?

当通货膨胀来临时，你将比过去更需要为钱发愁。

五年前两角钱一根的冰棒，因为通货膨胀现在就需要一元钱才能够买到！通货膨胀的后果就是钱越来越不值钱了，也就是我们通常所说的钱越变越少了。确切地说，钱的总数没有少，但是实际上能够买到的东西变少了，也就意味着我们的钱变得不值钱了。显然，通货膨胀就像个小偷，会把我们存在银行里的钱不知不觉地偷跑了，只有等到我们买东西的时候，才会发现钱变少了。但是等到发现的时候，已经晚了，这些钱再也追不回来了！

在通货膨胀条件下，以前 100 元能买到的东西，现在需要更多的钱才能买到，也就意味着我们将要付出更多的金钱，才能维持和原来一样的生活水准。显然，同样多的钱在通货膨胀条件下，带给人们的满足程度大大降低了。对老百姓而言，没有不痛的通胀，只不过不同类型的通货膨胀给我们带来的危害程度不一样罢了。若通货膨胀温和，假定平均通胀率只有 2%，累积计算，物价每 36 年便会翻一番；但假如通货膨胀率上升至每年 8%，物价每 9 年便会增加一倍。换言之，在 36 年后退休的人士，若希望享受等同于现时 500 万元价值的退休金，通货膨胀率 2% 的话，退休之时便要有 1000 万元；通货膨胀率上升至 8%，你便要想想到时能否手执 16000 万元了。

如果用更简单明了的例子来做一个计算分析，你将对通货膨胀带给你的经济损失更加了然于心！

假如你在银行存了100万元，假定按通货膨胀率4%计算，将会如何？

5年后，实际消费力相当于现在的81.5万元，缩水18.5万元；

10年后，实际消费力相当于现在的66.4万元，缩水33.6万元；

15年后，实际消费力相当于现在的54.2万元，缩水45.8万元；

20年后，实际消费力相当于现在的44.2万元，缩水55.8万元；

30年后，实际消费力相当于现在的29.4万元，缩水70.6万元。

……

如此通胀下去，你那100万元将会眼睁睁地缩水变没了，这太可怕了！

那么，在通货膨胀中我们的储蓄被偷走了多少呢？

自2010年4月经济数据出炉以来，“通胀”对老百姓储蓄的危害成了民众关注的焦点，若干年后现金实际购买能力也自然而然地成为大众最关心的问题。有人计算过，即使按照3.5%这一保守的通胀率来计算，1万元现金20年后的实际购买力仅仅是5026元。精明能干的你是否真的了解自己的储蓄缩水的情况？

导致通货膨胀的直接原因就是发多了钞票。那么，谁能够在需要更多票子的时候推动央行多发票子？谁又能够将大部分多发的票子据为己有，从而大大增加自己的购买力，甚至在一夜之间暴富？有一点基本可以肯定，那就是，通货膨胀在对一部分人加税的同时，可能会为另外一部分人提供巨额补贴。如果银行坏账成堆，在财政注资无法持续、自身盈利能力无望神话般提高、上市圈钱远水不解近渴的情况下，通货膨胀就可能成为唯一的选择。最简单的就是你存进去100元，通胀20%，还给你的就只剩下80元。如果通货膨胀再恶性一点，还给你的钱就可能更少，那对银行来说就更好了。

用即时通胀率，也就是按照现在的通胀率计算，中国已经出现了负利率，但冲着银行借来的国家信用，老百姓还是一股脑儿将钱往银行里送，这就更增加了银行欢迎通货膨胀的动机。很容易猜想，实际利率一变负，中国国有银行的资产负债表已经比以前“漂亮”了不少。央行行长周小川在谈到解决银行坏账的时候，曾经谈到过通货膨胀的办法，他明确将其列为政治上风险极大的选择。

到底谁拿去了居民存储的财富？我们不妨就以2004年为例，来计算一下这一年全国居民储蓄存款因通货膨胀而带来的净损失。保守估计，2004年全国居民储蓄存款净损失约4070亿元。中国政府正在通过通货膨胀税和利息税，将这一部分财富进行转移支付。问题是，这笔财富被转移到哪里？谁是最后的获利者？

年终一般都是计算一年收成的时候。那么对于中国居民而言，2003年年初存入银行的1元人民币，到2004年年底是多少呢？按照一年期定期存款来计算，由于是年初存入，无法享受到2004年10月29日的央行加息，年底获得利息收入0.0198元人民币，按照1995年规定的利息税水平20%计算，净得利息0.0158元。

▲ 连续的负利率使居民存款不断缩水

当然，精明的人不会忘了实际上还应该刨去通货膨胀的损失，以平均5%计算当年的通货膨胀率，1元钱本金损失0.05元，应得利息损失 0.0008 元人民币，因通货膨胀损失 0.0508 元人民币。计算的结果是，2003 年年初存入的 1 元人民币到 2004 年年底，净损失 0.035 元人民币。2004 年 1 月底，根据中国人民银行公布的数据，中国居民储蓄存款余额为 116289.11 亿元，根据上面的计算，若剔除掉存取对于日均存款的影响，假定截至 2004 年年底应计息的日均存款余额保持与年初存款余额相当，保守估计，全国居民储蓄存款仍将产生净损失约 4070 亿元。

这样的数字是什么概念？这个数字是相当于 2004 年前三季度中国财政的增收规模，是 186 家中央企业的全年利润，是中国一年投入到城市建设中的资金规模，是广州市 2004 年全年的 GDP。中国工商银行要达到国际的资本充足率标准，资金缺口也是 4000 亿人民币。这消失的 4000 亿居民财富到底去了哪里？从计算过程就可以看到，政府通过通货膨胀税和利息税，将这一部分财富进行了转移支付。那么问题是，这笔财富被转移到哪里，是否还会回归居民的个人财富呢？

利息税的去向相对透明。可以计算出国家至少征收 465 亿人民币的税收，上归财政，作为财政资金投向国家重点支持的基建项目、公共事业以及地区间和行业间的转移支付。

由此来看，居民储蓄的 400 多亿利息税交给政府进行公共投资。但令人担忧的是，交通、城市污水垃圾处理、供水、供气、供热等项目，占公共投资比例大约仅为 33.4%。削减公共投资，在有限的政府支出下，这些公益性和公共事业投资更加得不到保障。在实际运作中，政府往往监管不力，原有的行政垄断变成新的市场垄断，结果是消费者不得不支付更高的费用。

或许有乐观主义者认为，465 多亿利息税形式的财富转移至少可以部分用之于民，倒还不算损失惨重。但对于 3600 亿元的通货膨胀税来说，则几乎找不到一丝乐观的解释了。所谓通货膨胀税，实际上是政府以通货膨胀方式向全体居民征收的一种隐蔽性税收。这种税收的使用去向更加复杂，其收益也就更加不可预期。这种通货膨胀税的存在，尤其是长期存在，或多或少都能被看做政府默认社会财富由消费者向生产者转移和积累，而且主要是向那些具有市场定价权的生产者转移，如那些具有垄断市场地位和掌握垄断资源的生产者。

美国是最典型的利用通货膨胀税向全球聚敛财富的例子。它通过过度发行美元向全世界征收通货膨胀税，但是由于它强大的跨国公司体系在全球各地掌握了资源和定价权，因此尽管美国政府赤字连连，但是美国的企业却越来越富有。而在另一些转型国家，特权阶级一方面热衷于影响政府征收通货膨胀税，另一方面又能够携款外逃，从而回避自家资产的通胀，也是一样的道理。

第五章

“多面”的银行

毫无疑问，当今金融市场的主角是银行。作为资金融通和信用中介的重要载体，银行已经成为了当代经济发展的核心和基础。商业银行的利润也成为了近年来被关注的焦点。但是随着金融危机的爆发，雷曼投资银行的破产和倒闭，使加强金融监管的呼声也越发强烈。

- 谁在用“钱”赚“钱”？
- 为什么穷人忙存钱，富人忙贷款？
- 为什么大家包里“钱”越来越少，“卡”越来越多？
- 印钞厂员工怎样工作？
- 国内的银行会破产吗？

22.

谁在用“钱”赚“钱”？

在17世纪，一些平民通过经商致富，成了有钱的商人。他们为了安全，都把钱存放在国王的金库里。这里要注意，那个时候还没有纸币，所谓存钱就是指存放黄金。因为那时实行“自由铸币”（Free Coinage）制度，任何人都可以把金块拿到铸币厂里，铸造成金币，所以铸币厂允许顾客存放黄金。但是很不幸，这些商人没意识到，铸币厂是属于国王的，如果国王想动用铸币厂里的黄金，根本无法阻止。1638年，英国的国王是查理一世，他同苏格兰贵族爆发了战争，为了筹措军费，他征用了铸币厂里平民的黄金。虽然，被征用的黄金最终都还给了原来的主人，但是商人们感到，铸币厂不再安全。于是，他们把钱存到了金匠那里。金匠就为存钱的人开立了凭证，以后拿着这张凭证，就可以取出黄金。很快地，商人们就发现，需要用钱的时候，根本不需要取出黄金，只要把黄金凭证交给对方就可以了。再后来，金匠恍然大悟，原来自己开立的凭证，居然具有货币的效力！他们抵抗不了诱惑，就开始开立“假凭证”。但是神奇的是，只要不是所有客户同一天来取黄金，“假凭证”就等同于“真凭证”。这就是现代银行中“准备金制度”的起源，也是“货币创造”机制的起源。银行体系可以将信用货币的数量放大，实物货币就做不到这一点。

17世纪60年代末，现代银行诞生，它主要起到信用中介的作用。一方面，商业银行以吸收存款的方式，把社会上闲置的货币资金和小额货币节余集中起来，然后以贷款的形式借给需要补充货币的人去使用。在这里，银行充当贷款人和借款人的中介。另一方面，商业银行为商品生产者和商人办理货币的收付、结算等业务，它又充当支付中介。总之，银行起信用中介的作用。

银行业务包括商业银行业务与投资银行业务，都是高效益的行业，其主要成本为管理成本。以3%的利差计算，仅贷款这一项，每年自动为国内银行增加近8000–9000亿元的利润，银行业肯定是最最赚钱的行业。显然，银行就是用“钱”生“钱”的最主要机构。而银行的主要利润就是银行利差。通俗地说，银行的营业收入在扣除营业费用、提取拨备和缴纳税收后，就是银行的税后利润。

如果这些还说得比较抽象，那么看看世界上最赚钱的银行——中国工商银行是如何赚钱的，就知道是怎么实现钱生钱的。中国工商银行曾连续三年半蝉联“全球最赚钱银行”。有人匡算，这相当于每天赚6亿元。

银行要赚钱，除了开源（即增加营业收入）外，还得节流（即合理控制营业费用）和保质（即提高资产质量从而减少拨备）。在“节流”方面，工行衡量成本控制能力的核心指标成本收入比，已从2005年的40.09%降至2011年6月末的25.82%。“国际大银行一般在50%以上，国内银行业为30%左右。工行通过成本控制降低了成本费用，加之人力成本低于国际大银行，在国内又因规模大而摊低了成本，因此成本收入比很低。”工行战略管理与投资者关系部副总经理王文彬解释说。在“保质”方面，上半年，工行不良贷款余额和比例实现双降。截至2011年6月末，不良贷款率仅为0.95%，首次降至1%以内，创历史最好纪录。随着资产质量的不断提升，银行无需大幅增加拨备甚至可以减少拨备。当然，银行要赚钱，最重要的还是要做大营业收入的“蛋糕”。2011年上半年，工行营业收入高达2311.6亿元，其中59.44%来自存贷款利差收入，23.27%来自中间业务的净手续费及佣金收入，其余约18%的收入主要来自金融市场的投资及交易业务。

近年来，工行拉动营业收入的“三驾马车”正在逐步变化。存贷款利差收入占营业收入的比重，从2006年的71.9%一路降至2011年6月末的59.44%，传统的过度依靠贷款扩张、依赖利差收入的发展方式正逐步改变。工行注重将贷款投向小企业、贸易融资和个人业务等收益水平较高的领域。随着资本市场的快速发展，大企业融资渠道越来越多，议价能力日益增强，贷款利率水平总体较低，而小企业贷款利率的定价水平则相对较高。于是，工行大力将信贷投放向小企业倾斜。作为营业收入的另一驾“马车”，工行中间业务的成长势头强劲。中间业务是银行不动用自己的资金，向客户提供各种金融服务并收取手续费的业务。时下，工行贵金属、投资银行、私人银行、资产托管、现金管理和信用卡等新兴中间业务品种表现抢眼。比如，工行推出了纸黄金、纸白银等产品，替客户投资黄金、白银等贵金属市场。2011年上半年，工行贵金属业务量达8.55万吨，相当于2010年全年交易量的3.5倍，手续费收入自然也滚滚而来。在金融市场业务方面，工行适度投资中期债券，适时减持部分低收益率外币债券和涉险外币债券，债券收益率达3.12%。从2006年上市至2011年，工行已实现税后利润近6500亿元，过去5年的复合增长率达35.1%，是同期全球成长性最好的大型金融机构之一。

我国四大银行在2012年3月份公布的业绩数据，无疑成为银行业惊人盈利能力的最好证明。作为“全球最赚钱银行”，工商银行2011年实现净利润2084亿元，较2010年增长25.6%，蝉联冠军；建设银行紧随其后，2011年净利润为1694.39亿元，增速达25.48%；中国银行排名第三，实现净利润1303.19亿元，比2010年增长18.81%；相对利润最少的农业银行，增幅却是四行中最大，同比增长28.5%，并且净利润达1219.56亿元。利息差仍是银行业最大收入，占其总利润比例的七八成，是其赖以生存的利润来源。农行对利差业务的依赖程度最高，实现利息净收入3071.99

亿元，同比增长 26.86%，利息净收入占营业收入的 81.3%。建行和工行利息收入占比分别达到 76.70% 和 77.08%，即使是利息收入占比最小的中行也达到了 69.5%。虽然我国的净息差水平不是世界最高，但是，由于银行信贷在我国的资金配置中占主导地位，占市场份额的 80% 以上，银行的收入是利息差乘以信贷投放的规模，因此造成当前银行业高盈利。

显然，银行的赚钱实力不容小视。但是，在当前实体经济增速下滑，各行业利润普遍下降的背景下，银行业却保持利润高增长，使近期围绕“银行暴利”的讨论再次成为公众关注的焦点。但与国际先进银行相比，我国银行的盈利模式与国外还是有较大差异。

差异之一：中资银行境外利润占比偏小。从 2006 年上市至今，工行已实现税后利润近 6500 亿元，过去 5 年的复合增长率达 35.1%，是同期全球成长性最好的大型金融机构之一。但与国际先进银行相比，以工行为代表的中国银行业仍存在一定差距。汇丰、花旗、摩根大通等大型跨国银行海外利润对集团的贡献一般都保持在 30% 以上。工行境外机构总资产和利润在全行的占比尚不足 5%。

差异之二：中间业务收入占比偏低。美国银行、花旗银行、德意志银行的中间业务收入占比都在 50% 以上，与这些国外大银行相比，工行的中间业务收入占比还有较大差距。重要原因之一是，由于中国境内采取分业经营，部分业务准入受限。

差异之三：外资银行服务收费推免费优惠牌。同中资银行跟风上涨跨行取款手续费形成鲜明对照的，是外资银行的免费优惠券。早在2009年7月，包括花旗、渣打、东亚、星展银行在内的多家外资银行对于跨行取款均出台了免费政策。花旗银行规定：持该行借记卡无论在境内还是境外，无论是本行还是他行，查询和取现都免手续费。

显然，中国国内的商业银行还处于起步阶段。虽然我国金融在改革开放30多年以来取得了显著成绩。但仍需要做好改革顶层设计，并以更大的决心和勇气推进金融领域重点改革。降低准入门槛、引入民间资本、推动利率市场化改革等都是需要勇气完成的。一个成熟的金融市场，应当是以服务广大民众为基础。因此，在学习国外银行服务理念的同时，打破垄断和政府保护，才能让银行的钱赚得心安理得。

23.

为什么穷人忙存钱，富人忙贷款?

原世界银行副行长林逸夫曾说：“在中国是穷人忙着存钱，富人忙着贷款。”他为什么这样说，背后有什么深层次的原因呢?

曾经有这样一个故事，一个理财专家曾拿出一张图给大家看，图上指出社会由80%的穷人（所谓的中下底层）及20%的富人组成，80%的穷人拥有20%的社会财富，另外20%的富人拥有80%的社会财富，大部分穷人因为手头紧张，不敢乱花钱，第一件事就是把节省下来的钱放进银行以图保值或不备之需，而大部分富人不仅把手头的钱都拿去投资，还从银行贷款去投资，因为他们知道银行利息基本跑不过CPI，更知道借鸡生蛋多重要。所以事实上，穷人存钱，富人却忙着向银行贷款挣钱。

存钱者穷、借钱者富的例子在身边还不少。曾有一个人，他住在深圳南山，一天他出门去买东西，路遇一推销楼盘的，上写南山某楼盘，零首付。那年刚好非典，许多人惶恐不可终日，那人想，反正也不花钱，就算得非典一命呜呼了，那笔账也挂了，也无所谓信用好不好了，一口气零首付三套，房子们拿来后，换了三把锁，连地板砖都没铺，租了出去，他当时以租供贷，每套房补贴不过一两百，这几年把三套房卖出去，还了欠银行的钱，赚了两百万不止。用他自己的话说：“又不用自己的钱，用银行的钱，怕什么？！”

但是还有另外一对夫妻，他俩都是工薪阶级，一块钱恨不得掰成三半花，家里不到节假日见不到荤菜或水果，几年不会在外吃一餐饭，娘家都很少回，怕花路费，十几年前就存钱买房，钱越来越不值钱，房价越来越高，同档次的房价从当年三万变成了现在的近三十万才能买下来，住房梦越来越远，去年彻底死了心，申请了廉租房，现在只指望儿子有出息，以后帮他们买新房住了。这就是只会存钱不会理财的家庭！那些老实巴交，一辈子循规蹈矩不敢借银行一分钱，只往银行存钱的人，大多不是穷人就是工薪阶层，不欠一分外债的穷人很多，但从不贷款的富人却没有几个。

但是把钱存到银行的穷人们，在通货膨胀的今天恐怕也无法解决货币贬值的问题。受负利率打击最大的是城乡的老年人，尤其是城市的退休者和将近退休的就业者。在一般人的生命周期中，储蓄率最高的时期大约是 40 岁左右，但是储蓄余额占终生收入比例最高的时期是临近退休。今天城乡居民的预期寿命显著提高了。按现在一般企业的退休年龄，一个人一生大约 1/3 将在退休以后度过。这意味着，个人储蓄的平均寿命可以达到 30 年左右。

在过去 20 多年，中国出现了好几次负利率时期，每一次都对储蓄形成了严重的侵害，更形成了对储蓄信心的打击。现在的中青年收入者，在存钱的时候不能不考虑未来 30−50 年将会碰到多少次劫难。

今天的情况是“富人借穷人的钱”。银行储蓄的那扇门总是对穷人和富人同样敞开的，基本能做到一视同仁；但是贷款那扇门通常只对富人敞开，这包括有形财产的富有者和权力的富有者。穷人去存款，富人忙贷款。金融资源的分配不均，两极分化，同样体现在普通储户身上。越富的人越有信用获得资金，变得越来越富，而普通居民因为没有担保和信用记录，想融资创业和发展，便只会招来银行的白眼。这种金融资源的“冰火两重天”，是制度的不公和程序的歧视，将加剧社会的贫富悬殊和两极分化。

就在 2011 年银根紧缩、小微企业贷款陷入困境的时候，以五大国有银行为首的中国银行业却交出了一份令人羡慕的成绩单。与银行业利润大幅增长相反的是，在政府和监管部门连续数年督促银行支持小微企业的背景下，民营企业、中小企业融资难的问题依旧未能得到根本性缓解。全国工商联发布的《我国中小企业发展调查报告》显示，90% 以上的受调查民营中小企业表示，实际上无法从银行获得贷款，全国民营企业和家族企业在过去 3 年中有 62.3% 的融资来自民间借贷。一位银行客户经理坦言：“放一笔 50 万元的贷款给中小企业和放一笔 5 亿元的贷款给大企业，成本是一样的。谁不喜欢发展大客户呢？”即使是银行对中小企业所定的贷款利率比大企业要高，但因为大企业贷款量大，银行从中可以获得的绝对收益要高很多。

事实上，造成目前金融资源分配不均的根本原因是由我国金融体制所决定的，国有银行目前居于金融业的主导地位，金融资源的占有、分配高度集中。目前，在我国银行业资产总额中，中、农、工、建、交五家国有商业银行总资产超过一半，国有大银行和股份制银行合起来占新增贷款的比例经常在 80% 以上。

而 2012 年启动的温州金融综合改革试验区，将“草根金融”逐步引入金融体系，无疑是对当前金融体制改革的有益尝试。而积极构建和发展草根金融体系，全面提高城乡基层金融的整体服务能力，是解决问题的治本之策。只有建立起分层次的金融体系，才能更好地为小客户和实体经济服务。

现在中国银行业处于历史上最好的时期，大量设立金融机构，降低金融业的门槛，鼓励民间资本设立专门服务于中小企业的金融机构，即使发生一些风险，按照中国金融业的现状，我们也有承担这种风险的能力。

24.

为什么大家包里“钱”越来越少，“卡”越来越多？

2012 年，陈立国 25 周岁，他是西安某高校 2012 届应届毕业生，他于 6 月考入了北京著名高校攻读工商管理学硕士研究生。作为家中的独子独孙，陈立国在准备到大学深造前，父母为了让他在大城市发展得更好，就在暑假期间送他到驾校学习，不到一个月就顺利拿到了驾照。在领驾照的时候，交管局同时还给他发了一张牡丹卡，说这卡是专门用来罚款的，陈立国想了想，挠了挠头，心想还没开始开车就准备让交罚款了。

从家临走的时候，父母给了他一些生活费，虽然不多，才七千块，但是对于父母而言，也是一笔不小的数字，干脆决定给陈立国就近办理了一张农行的银行卡，让他带在身上，到了北京之后取出来。

终于到 8 月底了，陈立国收拾好行李，满怀憧憬地登上了开往北京的火车。当他到学校报到的时候，学校发给了他一张工商银行的卡，说这张卡是专门用来缴纳学费和住宿费的，让他好好保管。同时给了他一张校园卡，用这张校园卡可以在学校进入图书馆借书、到食堂吃饭、到澡堂洗澡。他很高兴地把两张卡放到了自己的钱包中，此时，他的钱包虽然只有不到一百元的零钱，却已经有了三张银行卡和一张校园卡了。

分过宿舍，陈立国打算去外面买些日用品，走到邮报亭，突然看到有卖“问道”网络游戏点卡的，并且还挺便宜，爱玩网游的他就索性买了一张放到自己的钱包里。当他买完东西准备回宿舍的时候，发现校门口的招商银行正在免费为新入学的研究生办理了信用卡，并且还赠送一个精美的水杯。陈立国当然不放过这个机会，就办理了一张信用卡。虽然信用额度不高，只有五千人民币，但是对于陈立国而言，周转资金已经足够了。

没过多久，学校的班长通知陈立国，说要办公交卡了，坐公共汽车只要两毛钱，陈立国立刻按照要求办了一张，放到了自己的钱包中。

此时的陈立国，在来京不到一周的时间内，他的钱包里的现金没多少，反倒是各种卡一大堆，此时的他才发现原来的那个小钱包已经无法合在一起了，他必须要为了这些卡再重新买一个钱包了！

这就是一个新入学的研究生的真实生活。我们从中似乎也发现了，陈立国其实作为工薪家庭的孩子，还是有一定经济基础的，但是他的钱

包放的倒不是钱，而是各种各样的银行卡。像陈立国这样拥有很多卡的人已经越来越普遍。正像很多人所言，中国已经开始进入“刷卡时代”了。人们正在改变自身的支付模式，刷卡消费的支付方式让人们真正感受到了安全、快捷和便利。这就是电子货币的优点，它是消费者所持有的，把货币存储在一定电子装置中，代表一定货币价值的“储值”或“预付价值”的产品。有了这种电子存储，人们在乘坐公交的时候就不用投入现金买车票了，一刷就成。

电子货币的产生，可被称为是货币形式发生的第二次标志性变革。由于在降低交易费用上的巨大优势，电子货币取代传统通货已经成为一种不可避免的趋势。电子货币的价值以数字信息的方式存储在电子装置载体中，表现为各种各样的储值卡、智能卡，以及利用计算机网络进行支付的货币形态，上面陈立国钱包中的公交卡就是典型的储值卡。很显然，当人们在使用电子货币的时候，它不是用纸质的，也不像电子资金划拨一样涉及银行，但是必须明白这些电子货币必须还要以现有存款为基础，也就是除了信用卡以外，其他卡在使用前都得保证这个卡里有足够的钱才能消费。而信用卡，则更像以自己的信用来作为抵押存款，从而可以进行先行支付。

电子货币说到底，也只不过是观念化的货币信息，它实际上就是由一组含有用户的身份、密码、金额、使用范围等内容的数据构成的信息，因此，也可以称其为“数字货币”。人们使用电子货币交易时，比现实银行系统的方式更省钱、更方便、更快捷，只要是有 POS 机、ATM 机等终端设备的地方就能实现原来纸币所能实现的所有功能。

其实当陈立国出门购物的时候，虽然身上没有那么多现金，但是带够了银行卡便一样可以随意娱乐消费了。而这正是电子货币的无形功能。换句话说，现代社会电子计算机水平的高速发展，使得无纸化货币渐渐成了主流消费模式。

比如说，当陈立国去北京的长安商场看到了 NIKE 的运动鞋在打折，他试穿了几双后，决定买一双篮球鞋。其实他手里并没有 368 元现金来支付这双鞋，但是他却可以用钱包里的银行卡到 NIKE 专卖店进行刷卡。

那么，NIKE 专卖店是如何和陈立国实现交易的呢？其实是这样的：当陈立国农业银行的卡通过销售终端刷卡后，一般都是 POS 机，这 368 元的电子支付便从陈立国的手里传送到 NIKE 专卖店的手中，而 NIKE 专卖店则将这 368 元的电子货币传送到农业银行，而银行在 NIKE 专卖店的账户上借记，然后银行再和陈立国清算，从而这笔交易便顺利完成。而且，有的时候电子货币还可以在各个持有者之间直接转移货币价值，并不需要银行的介入，这也是电子货币同传统的提款卡和转账卡的本质区别。

电子支付载体是伴随着科技的发展而诞生的。20 世纪 70 年代中期，法国人罗兰·莫雷诺（Roland Moreno）采取在一张信用卡大小的塑料卡片上安装嵌入式存储器芯片的方法，率先开发成功 IC 存储卡。经过 20 多年的发展，真正意义上的智能卡，也由摩托罗拉和 Bull HN 公司于 1997 年研制成功。

近些年，电子支付一直保持着快速增长的势头，特别是互联网在中国的迅猛发展，使得 2005 年被称为中国的电子支付元年。这一年中国电子支付市场高速增长，并且很多电子支付法规也得到了完善。中国的电子支付实现了飞跃式增长。2006 年，网上支付、移动支付、电话支付等多种支付形式的出现，加快了整个电子产业发展的步伐，在企业业务结算中，电子支付与其他交易结算形式相比，使用率较高，在某些企业中已超过了 60%。电子货币支付形式的多样化，使得电子货币正在成为电子商务交易重要的工具之一。

但是，电子货币就一点毛病也没有吗？其实也不是。2009 年 4 月 10 日晚上 8 时 34 分左右，东莞市民张先生拿着自己的储蓄卡到一家银行网点外的ATM机上存款。三天后，张先生发现自己储蓄卡上的余额少了74400元。警方调查显示，原来这一ATM机被人安装了读卡器和针孔摄像头，张先生取款时其银行卡被复制，密码也被针孔摄像头偷窥。东莞市法院认为，银行对自助银行柜员机疏于管理、维护，未能及时检查、发现、拆除犯罪分子安装的不明设备，致使自助银行柜员机反而成了隐藏犯罪分子作案工具的处所，给储户造成安全隐患及财产损失，应承担违约责任，而当事人并没有过错。据此，判处银行承担全部责任。

伴随着现代科技的日新月异，高智能犯罪也迅速增多，银行卡复制器都可以在网上公开叫卖。因此，对于任何一个人而言，其任何银行内存的货币都有可能不翼而飞。银行卡明明在自己手里，里面的存款却在外地被盗刷，这种现象在全国各地随处可见，其实这些情况多数是遇到不法分子使用了伪卡犯罪得逞的。广东2011年因银行卡疑似被复制而向人民银行投诉数是2010年的近9倍。一旦出现伪卡盗刷的纠纷，大部分银行都会指出是客户没有保管好自己的密码和账户信息，不愿承担责任和赔偿。而对于这种现象，可以采取以下措施：如果在异地被盗刷，应第一时间就近找银行网点或ATM机取100元，或者找POS机刷卡消费，留取凭条作为证据。这样可以作为异地被盗刷的主动举证。同时，持卡人必须把自己持有的真卡，向公安机关和银行出示，以与伪卡相区别。电子货币的发展给刷卡消费带来了很多好处，但是利用复制银行卡犯罪也能给持卡人带来巨大财产损失。

其实，钱包里卡的多少，反映出社会和科技进步发展的速度，从传统货币到电子货币是一个质的变化和飞跃，但是人们在享受快速便捷的电子支付服务过程中，也应当看到其自身发展的不足和问题，不能过于盲目依赖。最好的办法还是给钱包里随时留一些现金，以备不时之需。

25.

印钞厂员工怎样工作?

金属货币是钱，而人民币则是钞。其实人民币只是印钞厂生产的产品。在中国，生产人民币的就是中国印钞造币总公司。它是中国人民银行直属的法定从事人民币印制业务的大型国有企业，主营业务是人民币印制以及人民币专用技术、设备的研发与制造，同时不断拓展银行卡研制与生产、印钞造币专用机械和银行机具制造、高纯度金银精炼、增值税专用发票、有价证券、银行专用票据、高级防伪证书等相关业务领域。

其实，印钞厂的员工都是国有企业员工，从目前印钞厂公开的招聘信息来看，和其他国企没什么区别，工资并不像人们想象中的那样高。因为对于在印钞厂的工人来说，放在生产车间里的人民币只不过是他们生产的普通产品而已。

▲ 印钞厂员工在工作

一张人民币，从手工雕刻模板到印刷出厂，至少要经过七八道工序。为了防伪，钞票上伟人头像的模板全是手工在钢板上雕刻而成，雕刻时，一点一线都不能出错。手工雕刻耗费的时间多则一年、少则半年。

每次新一代钞票出来以前，印钞厂的工人有的负责雕刻伟人头像，有的负责雕刻风景，最后再将大家的作品集中起来，选择最好的作为模板，投入生产。人民币现已更新换代到第五套，这也是防伪所需，越到后面，防伪技术含量会越高。人民币经过剪裁后，每张都还要仔细查看，而且这道工序也是有任务的，规定你每天必须检查多少张钞票，如果有人偷懒，一下子翻好几张，一旦被发现，就会被记过。

在印钞厂工作，满眼都是钞票，是不是想生产多少就生产多少，大家都是富翁呢？这是不可能的，生产数量有严格的控制，工人也只是靠工资吃饭。就连有瑕疵的人民币也不能随意扔掉，而是必须上交，每隔一段时间还要核对，一旦出问题，整个小组的人都要接受调查。因此，印钞厂各道工序的工人都不会随意走动。

因为印钞厂员工的工作属于保密工作，因此日常工作时和大家联系比较少，只有退休后才能享受新的生活。58 岁的刘林，现在从印钞厂里退休下来，他并没有一般退休人员的那种失落，似乎过上了一种全然不同的新生活：“退休了好啊，终于可以打打牌了。”要知道在原来工作的时候，因为工作性质特殊，印钞厂对工作人员的人品要求很高：一个人要是打牌，要是输红了眼，难保不会见财起意犯错误。虽然借工作之便偷出钞票的可能性很小，但万一呢？这样的事情不是没出过，几十年前，上海总厂曾经枪毙过一个人，他从厂里偷走了几百元，还花了 10 元买香烟——这就是进入流通领域了，罪加一等！所以厂里有专门规定：不许赌博，无论家里还是家外，一旦查获，必将重罚！刘林回忆说，进入印钞厂第一件事就是学习保密条例：不许到车间别的班组串门，不许给朋友说自己在印钞厂工作，不许跟人谈论关于钞票印刷的事情……“以前，周围的老百姓都不知道我们厂是做什么的”，刘林说，“现在环境宽松了，可以谈谈印钞的事情了，但是规定的保密内容，我们依然会一字不谈”。

26.

国内的银行会破产吗?

一场金融危机袭来，以美国为代表的国外商业银行纷纷倒闭。就连最厉害的雷曼兄弟投资银行也破产了。这时，我们才明白，原来，银行也是会倒闭的。

长期以来，由于中国的金融政策，使得中国的银行倒闭风险几乎为零，因此，中国人养成了银行不会倒闭的思维方式。其实，无论是在资本主义国家，还是在社会主义国家，银行都是存在倒闭风险的。只不过在中国，银行的最大股东是政府，尽管我们的银行已经商业化运作，但是与财政的关系依然还比较紧密，当银行出现问题时，政府总会出面帮助解决。

其实，根据测算，中国银行的坏账应该不是一个小数目，而中国政府又不断地“冲销”、“剥离”、“注资”，使得中国银行的不良资产成为了神秘数字。在欧美等资本主义国家，一旦银行的不良资产过多，投资人便会持审慎的投资态度，银行融不到资，便有可能会很快进入破产程序。

但在中国，商业银行却难有倒闭的风险，因为银行与财政是紧密联系的，如果银行出现了亏缺，就会有财政来补足。事实上这种做法是不尽合理的，因为财政收入来自于纳税人，国家不应该用纳税人的钱，为银行的投资失利来买单。而只有把破产的风险引入到银行当中，银行的管理水平才能够提高，在放贷、投资时才会更加谨慎。

基于银行机构的特殊性，银行破产不仅是一家银行自身的问题，还牵扯众多方面，事关重大。道理其实很简单，一家银行破产了，首先涉及居民储蓄存款的保护问题，处理不好，就会出现存款挤兑现象，从而引发金融风波，影响社会稳定。

在西方金融体系发达的国家都有一种存款保险制度。就是说银行向经营这种保险的保险机构交纳保险金，一旦发生银行挤兑或银行破产，则由这家保险机构出面为老百姓支付现金或偿还银行欠老百姓的钱。

而我国在相关制度建设方面还不是很健全，至今未就银行破产专门立法。尽管2007年重新修订的《企业破产法》已为市场竞争淘汰的企业提供了可遵循的法律框架，但金融机构并未纳入其中。国务院明确了对金融机构破产将另行规定，但至今《银行业金融机构破产条例》的制定仍很缓慢。因为条例很难制定，涉及面很广，一旦处理不好，可能产生连锁反应，乃至产生系统性风险。比如，银行业金融机构不能轻易因债

▲ 美国联邦存款保险公司（FDIC）表示，2011年1月已经有11家银行破产。

务无法偿还就申请破产，破产过程要慎之又慎，有时一点风吹草动、市场传闻，就会引发挤兑等风险。

2012年9月18日，我国发布了《金融业十二五规划》。《规划》提出，要“建立适合我国国情的金融机构破产法律体系，规范金融机构市场退出程序，加强行政退出与司法破产之间的有效衔接”。与此相呼应，“十二五”期间，存款保险制度、存款保险立法等破产保护措施将进一步推进。既定目标是，择机出台《存款保险条例》，明确存款保险制度的基本功能和组织模式；进一步完善证券投资者保护基金、期货投资者保障基金、保险保障基金管理制度，制定《证券投资者保护基金条例》；研究起草《保险公司风险处置条例》。

此前，市场一直预计，即使银行坏账爆发，由于“大而不能倒”规则，政府也会兜底。此番规划有意打破该预期，目的就是防止“大而不能倒”现象危及我国金融安全。规划提出，建立和完善银行体系与资本市场之间的防火墙，防止风险跨业传染；规范系统重要性金融机构行为，避免因过度发展造成“大而不能倒”问题。

中国《银行业金融机构破产条例》已搁置数年，金融机构缺乏合理退出机制，央行在《2012年金融稳定报告》中曾强调要改进破产程序的法律框架，但立法工作却未能迅速展开。此次规划称要建立金融机构破产法律体系，可能暗示市场法律建设已有时间表，金融机构破产立法有望加速。

事实上，除了市场化考量之外，允许金融机构破产，其背后仍有深意。规划称，非金融企业直接融资占社会融资规模比重，要从“十一五”期间的11%提高到15%以上，并提出将进一步支持券商、保险、小贷公司等非银行金融业做大做强。由此来看，银行的蛋糕将被分食，将给抗风险能力较差的城商行带来不利影响。

国际上，金融安全网通常包含中央银行最后贷款人功能、银行审慎监管与存款保险制度，而存款保险制度在我国尚处空白。此次规划明确提出，建立健全存款保险制度，加快存款保险立法进程。

存款保险制是对商业银行等存款类金融机构进行风险处置的一项制度安排，主要指存款类金融机构向存款保险机构缴纳保费购买存款保险，当金融机构发生支付危机或倒闭时，对被保护的存款或其他金融资产提供部分或全部支付保障的一种制度。与政府直接救助金融机构相比较，存款保险制度的优势在于，通过建立市场化的风险补偿机制，市场、股东和存款人合理分摊因金融机构倒闭而产生的财务损失。存款保险制度是金融安全网的有机组成部分，在维护金融稳定方面发挥着重要作用。

但是存款保险制度并不是包治百病的灵丹妙药，道德风险便是其中一个副产品。银行可能倾向于从事风险更高、利润更大的业务，储户在选择存款银行时也不再那么谨慎，有关机构也可能放松监管职能。

任何一个制度都有弊端，但是我国主动设立存款保险制度总比美国在经济大萧条的时候被动设立要好。储户是银行的债权人而不是股东，他们不应承担金融机构破产的无限责任。

目前银行破产的可能性不大，因为不良资产率没那么高，而且我国对银行资本充足率的要求相当高。不过仍需注意到，近年来中小法人金融机构快速壮大，在地方经济金融发展中占据越来越重要的市场地位，但管理和市场等方面的诸多因素导致中小金融机构风险问题非常突出，其风险规避及市场退出已成为当前一项不可避免的议题。

因此，建立我国金融机构存款保险制度是防范风险、应对危机的必由之路，金融机构市场的退出机制也将让中小金融机构面临更大考验。

理财亦有道

君子爱财，取之有道，用之有度。作为普通民众，随着自身经济状况的不断改善，投资理财已经成为了每一个家庭的必修之课。随着美国超前消费观的影响，中国人勤俭节约的理财观念该如何调整呢？而新兴的“80后”“90后”人群，逐渐成为社会的中坚力量，他们该如何赚取自己的“第一桶金”而发家致富呢？

- 为什么收藏的纸币会升值？
- 为什么近年来黄金大受追捧？
- 中国人的勤俭节约与美国人的超前消费，哪个更好？
- 年轻人怎样挣得“第一桶金”？
- 老百姓把钱放在哪里较安全？

27.

为什么收藏的纸币会升值?

近年来，纸币收藏市场价格大涨，不少纪念币在收藏市场上的价格已经超越了纸币面值本身的几十倍甚至是上百倍。据报道，2011 年山东某市的市民李祥，因为儿子在银行工作，所以对发行纪念钞这样的事情特别关注。2000 年，他在儿子的劝说下去银行购买了一套红色塑封的龙钞，没想到原先按面值购买的 100 元纪念钞，现在单张已经涨到 10000 元左右了。为什么纸币会有如此大的升值空间呢?

纸币其实是一种不可再生的稀缺资源，纸币的升值是从一个投资者手里到下一个投资者手里，在传递过程中必然会产生成本（如投资的利润、交易成本、保管成本等），当从第一个投资人转到第二个投资人手里，在第一次传递时它所蕴含的价值就增加了，第二个投资者传递给第三个投资者的话，同样存在这个情况。所以同样一张钱币，在多次交易中，自然就会升值，这就是它升值的原因。

不论是旧中国还是解放后的新中国，纸币发行都是有极严格的规定和确切的统计数字。从理论上讲，发行流通数减去回收销毁数就是民间尚能保存数量。但是在实际中，纸币的实际存在数往往低于理论上的数字。纸币会随着年代的增加而逐渐减少。一方面，纸币存世数量减少，另一方面，收藏者的队伍增加，因而促使收藏纸币的难度越来越大，尤其是存世少但能吸引收藏者目光的热门品种，收藏的难度将更大。这也无形当中印证了很早的那句古话“物以稀为贵”。

中国是世界上最早使用纸币的国家，也是纸币品种最丰富的国家。纸币收藏的好处，从自身涵养角度而言，可以丰富历史知识，同时可以陶冶情操，培养人文情怀；从经济效益考虑，纸币会稳定地升值，其收益率大大地超过当前银行存款的利息。

现在大家的生活都好过了，手里多少都有余钱了，而货币贬值也已经不稀奇了。人们更多考虑的是如何让钱保值增值，对钱的保值增值，已经成为迫切的需求。但是随着股票跌宕起伏，储蓄存款利息少之又少，在常规投资渠道不济的时候，似乎收藏成为了一种可行的办法。也就是说保值升值才是收藏纸币的动因。如果你问大家收藏纸币干什么，相信大多数人的回答就是它会升值，以后会越来越值钱。毫无疑问，大家都是冲着它的升值而来，也是冲着它的升值而买，有了购买的人群，买卖兴旺，人民币当然就会升值了。

纸币有如此大的升值空间，中国是这样，外国也是如此。

对于外国纸币，它升值的动力一个是来源于纸币商，这包括批发商和零售商，他们在囤积了一些已经退出流通的外国纸币后，就以每年大约 3%–5% 的速度抬高纸币的价格，无论是否有人购买，它们的价格都会以这个速度抬高。纸币商取得的纸币无外乎两种：一种是退出流通的，那么他们的货源肯定也要不断地抬高价格；另一种是正在流通的纸币。对于已经退出流通的纸币，他们以每年逐步升值来获取利润；而对于正在流通的纸币，他们会利用购买者追求新奇的心理，在发行初期就抬高价格，然后逐步回落。一个典型的例子就是新加坡和文莱在 2007 年联合发行的 20 元，在刚发行的时候，其售价在 135–140 元左右，而过了一周，价格回落到 130 元。

另一个来源于购买者，他们出于各种不同的目的，比如投资增值，或者因为曾经使用过而充满感情，或者因为纸币新奇好看而去购买，虽然每个人的审美眼光有很大的区别，但是好的纸币无论对于哪个国家的

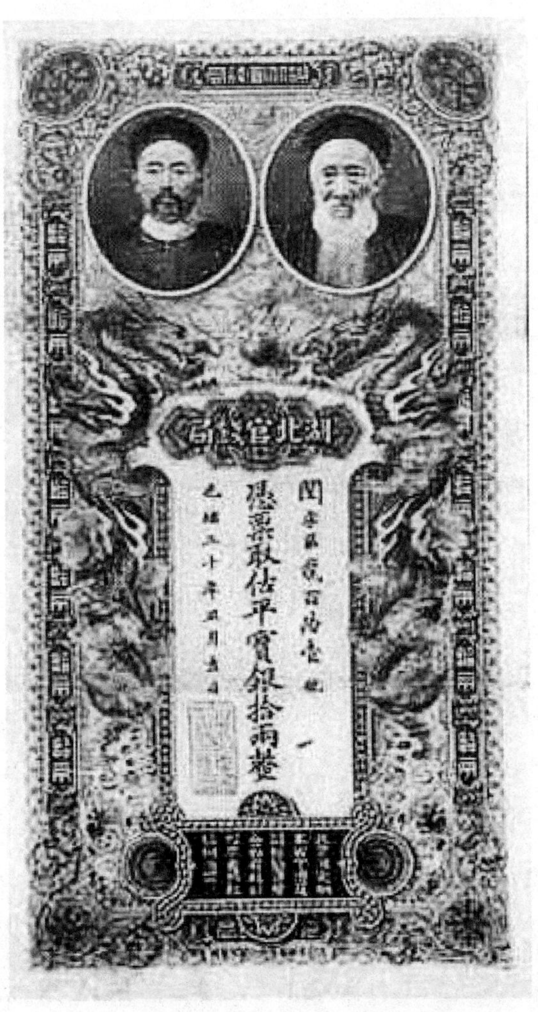

► 在 2008 年嘉德春拍的钱币专场中，湖北官钱局张之洞、端方"双像"银两票，以 117 万元人民币的成交价刷新了中国单枚纸币世界纪录，这也是中国单枚纸币成交价首次突破百万元大关。这张湖北官钱局银两票，面值为“凭票取估平宝银拾两整”，发行时间为“光绪三十年正月吉日”，银两票正面四周花框十分精致，左右两侧的双龙抢珠图尚属常见，而上部有并列着的两个椭圆形人像，极为罕见。

收藏者都有认同的感觉。所以，购买外国纸币，需要了解的是该纸币的状态，是正在流通，还是已经退出流通。正在流通的纸币，大约需要 10-20 年的时间才会有所升值。在这要特别强调的是，一些小岛国的纸币使用周期往往非常长，因此升值的速度非常缓慢。另外，那些国际储备货币，比如美元、日元等，由于数量巨大也不具备升值潜力。

如果单单从收藏者的角度来讲，那些已经退出流通的、设计精美的、银行信誉极佳的、发行量小的、存世量少的、有重大题材容易引起别人重视的纸币，将成为纸币收藏者一致追捧的对象，价格在短期内会迅速拉高，然后逐渐步入平稳。

所以，一些出色的品种会受到收藏者的青睐。比如中国和东南亚国家的纸币收集者会比较偏爱英国统治时期的香港纸币，特别是渣打银行的；欧洲北美国家的纸币收藏者会比较偏爱欧元区国家的纸币，比如荷兰、爱尔兰、法国等国的纸币，英国的纸币收藏者会比较偏爱其属地的纸币，诸如塞舌尔、巴哈马等，法国的纸币收藏者则会比较偏爱法属非洲的纸币。这些出色的品种，由于购买者多，因此价格自然会有明显上升。

当然，收藏纸币也是很有讲究的，关键要看你能不能慧眼识珠。首先，要看纸币的字冠（即号前和号码后的外文字母），凡是同一种纸币常会有几种字冠，如单字冠、两字冠和无字冠，字冠多的纸币往往发行量较大。其次，要注意纸币上加盖的文字印戳，当时为了区别发行区域，纸币上常有印戳，不同印戳的纸币有不同的发行量。如果能将所有印戳纸币收齐成套，那么价值就会比较高。最后，要注意的是纸币上的签名，民国时期的纸币上均印有当时银行行长的签名，由于那时行长更换频繁，签名也常随之变化，凡是时间短的行长所签名印发的纸币数量相对就少。所以，同一品种的纸币，由于签名的变化，收藏价值也就会不同。

在我国，外国纸币受到偏爱的城市是上海、广州和北京。目前上海品种最多，高档外国纸币也有很多消费者。广州由于生活成本快速提高、地理位置不如上海等因素，最初的主要外国纸币批发商地位已经被上海取代，纸币价格也偏贵，不过由于收入高，所以也是外国纸币消费的主要城市。而北京基本上以批发低档礼品为主，档次有待提高。所以，外国纸币的销售和购买，主要是和上海、广州和北京人打交道，而对于中高档的纸币，则主要和上海、广州人打交道。但是既然选择收集外国纸币，那么相信人们的视野应更广阔，不妨在诸如 EBAY 上买卖，或者加入一些国际钱币组织如 IBNS，这样不仅可以提高销售渠道，也丰富进货渠道。

虽然纸币收藏在收藏市场上价格很高，但是其流通性不能与银行理财市场的理财产品相比，如要变现则需要找到合适的买家。纸币收藏之所以会被炒得很热，一方面可能是市民缺乏合适的投资渠道；另一方面，部分已经停止流通的人民币近年来价格飙涨，让市民看到了纸币收藏带来的收益。目前纸币收藏有些过热、投资渠道太少，也具有了一定的风险。因此纸币收藏切勿盲目跟风，没有收藏经验的投资者一定要谨慎入场，应该控制好投入资金的数量，在兴趣中积累财富。

28.

为什么近年来黄金大受追捧？

电影《动物管理员闯南美》中有一段动人的情节：在人迹罕至的热带丛林溪谷，动物管理员找到了濒临灭绝的德•洛罗蝴蝶的生活地，并跟随蝴蝶偶然发现淹没在溪谷里的黄金，而这些黄金正是德•洛罗蝴蝶赖以生存的环境，原因是黄金在溪谷里放射着金色的光芒，照耀在蝴蝶的翅膀上使之显得贵气十足，当黄金消失，德•洛罗蝴蝶也会随之消亡。事实上，黄金对蝴蝶的吸引或许只是个传说，但是它稀有的物理属性却使之成为人类财富和华贵的象征，黄金自古以来便有“金属之王”的称号，无论在世界的哪个地方都享有其他金属无法比拟的盛誉。

虽然美国的金融危机已经发生近四年，但是对经济造成的影响远未平复，世界对以美元作为保值的货币失去信心；欧元区和日本经济形势不容乐观，欧美股市高处不胜寒，而中国股市有心无力，其他商品也处在高位。特别是通胀预期上升，对于投资理财的人来说，好像也就只剩下黄金这个最后的堡垒，能确保财富的价值。

市场是变动的，而变动的过程中必将导致生产力和生产关系的种种变革，商品的数量和消费者本身也构成了一个循环和作用的过程。通货膨胀和通货紧缩都是不好的，都需要控制在一定的范围之内，纸币只是一种象征，会贬值的。但是，黄金是国家间最后的结算手段，永远是货币，永远不贬值。

黄金白银等贵金属，其本质是一种商品，因为它需要矿工开采，有使用价值，并且容易保存，它成为了一种大家都愿意接受的商品，也就是所谓“一般等价物”。而粮食、调味品、器具等实物并不是所有人都愿意接受的，因此不具备成为“一般等价物”（即货币）的条件。另外，贵金属作为货币的地位，并不是一朝一夕形成的，而是在人类长时期的交易实践过程中形成的。所以，其作为“一般等价物”的地位具有稳定性，不是说变就变的。

一个很简单的道理：粮食是我们每个人每天必须要吃的，但不能说我们为了防备饥荒把未来几年的口粮都买了，那样不仅粮食难以贮存，还要建个粮仓，又是一大笔成本。而贮存黄金等硬通货就不一样，黄金无论过多少年，其价值永远存在，只要还有市场和商品，那就可以用黄金进行交换。现在的社会基本上不会闹饥荒了，但是通货膨胀来时谁也跑不掉。因此人们买金银是为了应付以后的通货膨胀。

在资本主义发展初期，货币采用银本位制。随着生产力的发展和提高，对货币的需求猛增，从而更换为金本位制，也就是每单位的货币价值等同于若干重量的黄金。但因金属货币毕竟有限，当财富越来越集中在少数人的手里时，社会流通的货币减少，便阻碍了经济发展。上个世纪 20 年代美国大萧条，就是因为生产力大大超过了黄金的总量，形成产能过剩，商品无法兑现。

自金本位废除之后，黄金其实只是一种贵金属而已，与其他任何商品的价格一样，都是由供求关系决定。几年前，就有权威机构的研究显示，黄金的合理价位在 500–600 美元 / 盎司之间。就算这几年美元贬值 25%，黄金合理价位也不该超过 800 美元 / 盎司。

其实要论投机回报，近几年，大蒜、绿豆的价格都能翻番，和田玉的价格涨幅更是超了百倍；黄金还远不如它的“弟弟”白银，其价格从 2010 年的 18 美元 / 盎司，一直到 2011 年的 50 美元 / 盎司，翻了近三倍。那么，金价继续上升又有什么奇怪，资本市场永远都会有新故事。

有人认为黄金是真正的货币，政府或社会发行的法定货币只是薄纸一张。尽管货币的确是“薄纸一张”，然而只要这张薄纸在社会经济活动中，可以作为交换媒介、记账单位、价值储藏和延期付款的标准，被人们普遍接受作为支付商品、服务和偿还债务的形式，那它就不只是一张薄纸这么简单。更何况，当下还有华尔街的炒作因素。30 年前金价就曾被华尔街炒作，突破了每盎司 850 美元。即使按最保守每年 3% 的通胀率计算，那时 850 美元，其价值已超过了现在的 2000 美元。有人算过，一个 40 岁的投资者，假如在金价最高位时购入黄金作为退休之用，那就要等到 28 年之后，金价才可能重新升至 850 美元的水平，除非他活到 80 岁，否则就别指望这笔退休金了。

并且，自 1999 年以来，传统的储金大国瑞士、荷兰、法国、英国开始持续卖出黄金。截至 2010 年 1 月底，瑞士共卖出 1550.6 吨，荷兰卖出 399.5 吨，法国卖出 589.2 吨，英国卖出 405.1 吨。上述四国加上其他欧元区国家共计减持 3623.2 吨，减持幅度 14%，数量相当于目前全球黄金储备的 12%。减持的黄金主要流向了投资市场。这些原先藏身于政府金库中的黄金被推向民间市场，它们面对的不再是政治家的考量，而是逐利者的博弈。从 1990 到 1999 年，金价波动率平均为 8.7%；1999 到 2009 年，波动率均值升至 14.2%，在 2006 和 2008 年曾高达 18.9% 和 22.4%。至于市场炒作抬价与政府持续减持之间是否存在某种联系，我们不好妄加揣测。不过在目前的形势下，寄希望于黄金来实现资产的保值增值，并非大家想象的那样十拿九稳。因此，投资黄金也要谨慎行事，决不能盲目跟风。

那么生产出来的如此贵重的黄金，都放在哪里呢？在纽约曼哈顿下城金融区，一座具有典型文艺复兴时期宫殿风格的建筑物颇为引人注目。与周围生活气息浓郁的拿骚街和海登街相比，这座酷似城堡的大楼更像是参观景点。但美国国旗、摄像头和门口全副武装的警察提醒人们，它显然是一处分量颇重的机构所在地。这里就是纽约联邦储备银行。纽约联邦储备银行被认为是目前世界最大的黄金贮藏地，保存的黄金占世界总量的 1/4。

而在 200 多年前，享有“中央银行之母”美誉的英格兰银行被认为储藏了比世界任何地方都多的黄金。但如今，那里的最大作用已经变成老英格兰银行酒吧的参观噱头。上世纪初，逐渐没落的大英帝国不断卖出黄金，迅速崛起的美国则是最大买家。二战后，美国的黄金储备已经占全球储备的 2/3 以上。纽约联邦储备银行里面的金砖隔成许多储藏间

▼ 2012 年 9 月 6 日，国际金价突破 1700 美元。

分别堆放，共有 122 个储藏间，最大的可以存放近 11 万块金砖，堆起来有 3 米高、3 米宽、5 米多长。整个金库存放的黄金约有 7000 多吨，约占全球官方黄金储备 2.93 万吨的四分之一。

在纽约联邦储备银行金库里，交易只需换房间。比如讲一个国家，一个银行想卖一个银行想买，只要在银行间做这种交易之后，纽约美联储地下的金库中就接到一个指令，把黄金从 2135 房间搬到 4177 房间，没人知道 2135 房间代表了哪个国家，也没人知道 4177 房间代表了哪个国家，但是它完成了一个交易。美国战略界还流传着另一种观点：欧洲国家把黄金存放在美国是因为担心“前苏联”以及现在的俄罗斯会“入侵欧洲”。除了流通方便外，各国之所以选择纽约，更重要的是美国经济实力强大，货币市场开放，政局稳定，对各国政府来说黄金存放在这里有一种安全感。

不少人认为，生产黄金的企业一定比其他行业的企业更能够赚大钱、获暴利，这里应该纠正这一错误的说法。其实就国内市场来看，黄金生产企业有：中国黄金集团公司、紫金矿业集团股份有限公司、山东招金集团有限公司、山东黄金集团有限公司和灵宝黄金股份有限公司。尽管中国从 2007 年开始成为世界第一大黄金生产国，并保持至今，但是中国没有一家年产百吨以上的黄金企业。中国黄金矿业以小矿为主，主要是没有激励风险勘探的开发机制。矿业投资者只能顺着地表，顺藤摸瓜地开采资源，通过开采、销售矿石获得利润，滚动开发。应该说，黄金生产企业和一般国有企业没有什么不同，并非想象中的暴利行业。而黄金市场随着开采和挖掘逐渐形成完整的产业链，因此，和其他行业一样，并不存在“暴利”这一说法。

29.

中国人的勤俭节约与美国人的超前消费，哪个更好？

近年来，关于全球经济失衡问题的讨论越来越热。但全球经济严重失衡的原因是什么？有人说，美国和中国实质上是世界经济失衡的两端，因为这两个国家的消费和储蓄严重失衡。美联储主席伯南克也曾说，是中国的储蓄助长了美国的房产泡沫，美国人太爱消费的原因是因为中国人太爱储蓄了。换句话说，美国人喜欢信贷消费，而中国人喜欢将钱存到银行，就是储蓄。也有人认为，美国是享受生活式消费，而中国则是勤俭节约式过日子。

随着全球化已经成为一种不可阻挡的趋势之后，中国这种以储蓄为基本方式的消费模式，面对美国的消费模式的冲击，会如何呢？

其实，美国人的消费习惯主要表现在两个方面。一方面，美国人喜欢透支消费。美国人的信用卡里其实是没有一分钱在里面的，银行也鼓励他们先用未来的钱，给消费者提供至少 45 天的透支免息期。美国人拿到工资后，才按照透支的金额把钱转入信用卡，还款给银行。然后又开始继续下一个透支消费的周期。没有人先把钱存进信用卡再消费的。银行愿意这样做的目的，是期望有些人在还款到期日时无法还清全部的款项，这时银行就可以收取透支利息了。但是，银行也担心有些人永远还不清款项，给银行造成损失，所以美国银行对信用卡持卡人的消费和还款情况是监控得非常严密的。

另一方面，美国喜欢分期付款。美国人喜欢用有限的金钱去尽可能地买更多的东西。除了房子、车子之外，绝大部分电器、家具等，也都是分期付款买回来的。美国人喜欢尽快地享受到一切可能享受到的生活，决不会等到存到足够的钱才去买自己想买的东西。所以，当你看到普通的美国人住着别墅，开着汽车，家里各种设施齐全，实际上那些很多都是还没有付完所有款项的。不怕贷款，不怕支付利息，这也是美国人很不同于中国人的地方。同时，这也是因为美国各项福利制度相对比较完善，人们对未来的收入和生活比较有信心。

我们知道，美国一直是一种高消费与高负债并存的模式，它的国际收支经常项目逆差占全球的65%，可为什么美国却总是“不差钱”呢？有人说，中国是穷国，美国是富国，可是中国却在“借钱”给美国，怎么可能发生这样的事情？美国的逆差背后反映的是其多年来的负债消费模式，也就是靠借钱过日子。支撑美国过度消费模式的基础主要来自两个方面：

一是美元的国际货币地位。作为世界货币的发行者，美国可以通过开动自己中央银行的印钞机，来换取真金白银，也就是其他国家实实在在的财富。这是支撑美国多年来负债消费的基本条件。反过来，美国之所以能够通过印美元来借债进行消费，是因为其他国家愿意接受美元。

二是美国的过度消费持续了这么久，与美国产业的空心化以及部分产业国际竞争力下降直接相关。产业的空心化涉及很多问题。到前几年的国际金融危机之前，美国的制造业占整个 GDP 的比例在 12% -15% 之间，与此相对应，美国经济增长只能依靠以金融业为主的虚拟经济。而美国之所以这么长时间致力于发展金融业，根本原因是它能够通过金融业在全球财富分配中获取最大的份额。

上世纪 80 年代，美国还是一个净债权国，美国人在海外的投资跟外国人在美国的投资相抵以后是一个正数，因而美国每年大约有 3000 亿美元的净投资收益。到 2005 年前后，美国的海外净债务超过 2.5 万亿美元，而按照美国官方的国际收支统计，海外净投资收益仍然为正。它作为债权国能赚钱，作为债务国还能赚钱，这是一个统计上解释不了的现象。所以，一个很直接的推理就是，外国人在美国投资的收益率要远远低于美国人在海外的投资收益率。这种投资收益率的巨大差异，就是建立在美国发达的金融体系之上的。

但是中国人为什么那么爱储蓄呢？美国《纽约时报》刊登的一篇分析文章认为，“中国的高储蓄源于对饥荒的记忆”。问题是，这种对于饥荒的集体“记忆”是否已经成为了中国人储蓄的本能呢？如果不是本能，那么扩大内需就有希望，一旦建立了完备的社会保障体系，老百姓就敢于花钱。如果是本能，那么即便是有医疗、教育、住房的保障，中国人也照样会维持高储蓄率。

曾经历过“三年困难”阶段，对“饥荒历史”刻骨铭心的那部分中国人，如今大多已经不是经济活动主力，他们仍然在储蓄，但储蓄行为与用途和后辈大不相同。他们为儿女储蓄，为“有事”而储蓄，储蓄的结果，多半是把一生积蓄全部交给医院，在人生最后的短暂阶段，在痛苦中实现他们一生中最大的一次“慷慨”消费。在中国，医疗保险、退休养老、失业保险等社会保障都还很欠缺，许多人对未来充满了担忧，在这种情况下当然不敢不多存钱。同时，许多人存起来的那些钱，不是不想花的钱，而是不敢花和不够花的钱。

由此可见，中国人热衷于储蓄确有历史原因。许多人或许明白，把钱放到银行里，对于自己来说并不划算。因为过去这些年，通货膨胀高于利息收入，存折上的存款月复一月地降低了购买力，而参与其他投资又深感危机。如买房可以保值，但目前大城市的购房门槛已经很高。转到小城市置业，可能会遭遇“限购令”。投资股市，散户可能会是受伤害最深的人。在这种情况下，可能会有越来越多的中国80后、90后向美国人学习，与其把钱存起来，不断贬值，还不如将钱花掉，及时享受。

那么，中国的储蓄真的助长了美国的房产泡沫吗？而对“美国人太爱消费的原因是中国人太爱储蓄了，把钱就非常便宜地借给了美国人去消费”的观点，应看到美国的过度消费跟中国的消费不足，表面看起来是对应的，但是，实际上它们的形成机制是没有必然联系的。

在经历了一场金融危机后，美国人悄然改变了自己的消费模式。美国人一向喜欢用信用卡消费，但这场经济危机彻底改变了美国人的消费习惯，他们如今更倾向于使用“已经赚”的钱，放弃了“今天用明天的钱”的美式消费习惯。美国人目前希望可以在规定的预算内消费，同时避免由于未能按时还款而产生更多的信用卡利息。他们目前更希望自己可以理智消费，可以“有纪律”地消费。对于商家来说，消费者使用现金或者存款户头消费，也为他们节省了费用，因为通常他们需要为使用信用卡的消费者交付一定的费用，但负面影响是，商家现在无法从信用卡上获取珍贵的消费者个人信息。同时，由于失业率在未来的几年里很有可能继续高涨，同时，银行也可能继续执行信贷紧缩政策，所以美国人消费习惯的变化可能会持续数年。

显然，一个国家的消费模式并不是一成不变的，这得取决于国家的经济形势，哪种消费模式不重要，重要的是消费模式在国民经济中能稳定地促进经济发展。中国有自己的消费模式，并且随着国人手里的钱越来越多，投资渠道逐渐增加，从而也使得储蓄消费的单一模式有所改变。没必要成天去说要刺激中国人积极消费或者把银行的钱都拿出来。谁都知道享受比遭罪好，问题是生存环境与制度安排阻碍了普通人群的消费。所以还是先前讨论的那个话题：社会保障带来的一切，能给国人一颗稳定发展的心，能让国人放心消费的心。相信中国人勤俭节约的传统美德，并不会因为美国的过度负债消费模式而受到特别大的影响，形成自己的消费观才是最重要的。

30.

年轻人怎样挣得“第一桶金”？

赚取“第一桶金”之所以重要，除了金钱本身之外，还在于这个让人在坐过山车般的刺激感中反复失落的过程，能快速历练人的心智。“宝剑锋从磨砺出，梅花香自苦寒来”，原始积累只是接近成功的第一步，之后便是无休止的创业征战。因此，苦练内功是必不可少的。这里有三种方式有助于赚得“第一桶金”。

第一种方式：时时刻刻紧盯市场

对于刚开始创业的年轻人而言，手中资金并不充裕，因此可以通过对市场的分析和对信息或政策的敏锐嗅觉，参与或开发某些项目而获取大量的资金，即“第一桶金”。捕捉信息的能力，实际上取决于个人对社会和市场的综合判断，与智力无关，是一种后天累积起来的能力。因此，搜集信息的能力才是关键，并且通用于任何时间段。

第二种方式：以技术安身立命

其实在我们身边，有一技之长的人不在少数。上街随意一“扫描”，有技术含量的店铺随处可见：理发店、电器维修店、修车厂、首饰加工店、蛋糕店……他们能够经营得像模像样，无疑靠的就是技术。他们的技术是这个市场专业化分工的表现，是人们在日常生活中所需要的。这些人通过自己手中的技能走遍天下，无论到哪里都能安身立命，如果再勤奋一点，就能迅速积累自己的财富。

第三种方式：思想创意造财富

随着市场经济的到来，通过简单劳动力赚取财富的方式已经成为历史，教育和技术的普及让更多的人享受着知识带来的成就。很多点子公司成为年轻人创业的途径。这些年轻人在学校学习的知识十分广泛，且满腹经纶，对市场的洞悉和察觉能力极强。因此，一个办公室，一部电话，三两个员工，就能为企业提供策划、咨询或者是专业技术服务。这就是智慧的力量，并且这种创业方式赚得“第一桶金”的速度不亚于前两种。

人们的“第一桶金”往往伴随创业的风险而存在，但是只要自己努力做到最好，即便没有原始积累，也可以挣得“第一桶金”。创业路上，挫折、困难、风险，形形色色，林林总总；不同的行业、不同的人，会有不同的困难。创业之路，可以说没有人是一帆风顺的，总有一些坎坷的路需要走过，总有一些风险始料未及。为自己创造一个白手起家的神话，改变自己一生的命运，关键看我们怎样对待。马云说得不错：退就只有死亡，拼也许还有机会。任何市场的机会对待每一个人都是平等的，就看你是如何去把握的。每个人的禀赋不同，关注点不同，当然对创业的理解也就不同，但是准备好自己，把握好机会，就一定能在未来的某一个时点上创造属于自己的“第一桶金”。

因此，在创业的过程中，我们需要提醒自己：一是停止抱怨。停止抱怨，无论你觉得自己多么委屈。抱怨唯一能带给你的，就是工作生活中的坏心情。相反的是，想获取更好的待遇和职位，更要学会如何面对挫折和困难。贫富悬殊是永存的。今日的富人，很多以前也是穷人，他们肯努力，懂理财，就富起来了。机会总是留给做好准备的人。如果你因为总是抱怨，而浪费了深造自己的时间、展示自己的舞台，最终失去了老板给你加薪的机会，你，还抱怨吗？有抱怨那工夫，不如潜心深造，要坚信，是金子总是会发光的。二是要有明确的财富规划理念。理财观念很重要。就算你月赚 10 万，也并不意味着你可以随意挥霍这些钱。基本生活支出或者贷款等日常必需费用扣除之后，才是你可以自由支配的金钱。而这些钱，你也是需要合理地规划一番的。只有这样，才能在满足日常消费需求的同时，逐渐积累起更多的财富，为自己更好地开创事业提供资金储备。对于因资金不足需要借贷的年轻人来说，切记量力而行。在贷款之前要充分评估一下自己的偿还能力，制定符合自身状况的合理的还款计划，不要因为贷款而产生过大的压力，进而影响自己的正常生活。三是消费投资要理性。常言道：大富在天，小富在简，“第一桶金”往往是开源节流得来的。因此，在新的消费模式下，要严格控制信用卡的使用，把每个月节余的钱都存进银行账户。如果有富余的资金，量身选择一些适合自己的投资产品，也会是不错的选择。总有那么一天，你会突然发现，账户里的钱会让你大大地满足一把。

财富之路上，只看个人的修为。好好把握自己的每一天。勤赚钱，多存钱，巧投资，认真对待自己的财富生活，你就可以积累到自己的“第一桶金”了。

31.

老百姓把钱放在哪里较安全?

对于中国的老百姓而言，一般会把自己辛苦挣的钱存到银行，但是在纸币流通的今天，通货膨胀和贬值已经成为任何一个人都无法回避的问题。银行的存款利息有时会远远落后于通胀指数和CPI。人们把钱放到银行，似乎并不是最为安全的理财方式。

财富缩水已经不可避免，正在深刻影响着我们每一个人。你可能没有关注它，但它已经在不声不响之中影响着我们的财富。日本的学者大前研一在出版的《M型社会》中提出惊人的观察结论："新经济"浪潮改变了经济社会结构，代表富裕与安定的中产阶级正在快速消失，社会结构正在从倒U型转变为M型社会。而在M型社会，储蓄虽然是积累资本的第一步，不过人变成只会存钱的"守财奴"，很快就会被打入中下阶级，因为通胀侵蚀获利的速度比利率上涨的速度快得多，把钱存进银行，只会越来越少。

投资者有效防范通胀的措施，就是尽早把手头的现金换成具备升值潜力的资产，让自己的财富也跟着物价一起涨。应少握现金，多参与投资活动，让增加的投资收益来抵御存款利息收益损失。

事实上，对于投资者以及普通老百姓来说，关心通胀话题，无非是担心自身利益受损。如果通胀来临，我们应该怎么做，才能"趋利避害"?

美国著名经济学家保罗·萨缪尔森在其《经济学》中提到，当面临通货膨胀的压力时，国家不得不利用货币政策或财政政策来制止通货膨胀的上升。但宏观调控毕竟是政府和央行的事情，那么对于普通老百姓该用什么办法对抗通胀，让理财生金呢？

黄金一向都被看做是抗通胀最有效的方式之一。购买黄金便可以实现资产保值。如果通胀真的来了，大家都预计金价会上升，都去购买黄金，这样的结果就是很容易推升金价。黄金投资是长期的投资行为，长远看来收益并不亚于股市，但其风险远远小于股市。从远期来看，美元的下行走势，决定了黄金投资的乐观前景，投资者不妨在家庭投资中提升黄金配置。在具体操作上，要在黄金期货价格较低的时期购买黄金，这样才会获得更大的利润。但无论是投资黄金还是股市，最重要的还是要谨慎、稳重，注意风险。

投资黄金的途径现在非常多，既可以在银行购买纸黄金、在交易所开户投资，又能购买各种形式多样的实物黄金。黄金的投资比例需要进行一定的控制，投资者应该结合自己的资实力、流动性需求以及对金价

未来走势的预期来进行相关配置。黄金作为一种非生息资产，对于资产价值的增值提升作用并不明显，因此在投资过程中，其在整个资产中的配置比例不能过高。

由于我国整个经济体系的流动性过剩，将来可能会产生通货膨胀。如果真的通胀了，买房子是可以保值以抵御通胀的。房地产作为一种投资品种，在持有阶段其实并不是一个“划算”的投资，尤其是投资者是从抵御通胀的角度出发，长期持有的过程中，其租金收益率一般比银行利率还低，加上其变现能力较差，也相应增加了一定的投资风险。加之监管层面的收紧政策，比如严格控制二套房贷、契税等优惠政策也可能被取消。因此单纯为了抵御通胀而贸然入市并不明智，尤其是那些自身资金并不充裕的投资者，冒着较大的政策风险入市，成本可能更高。房产并不是一种适合投机的品种，只有从长期投资来看，才会体现其抵御通胀的能力。

金融危机后，我国的外汇储备是呈下降趋势的。但目前外汇储备是触底回升的，这也意味着外面流通的人民币增多了。要避免通货膨胀的产生，央行通过一些货币政策回笼多余的人民币。这样来看，购买外汇也是一种不错的投资选择，可以控制通胀了。由于美元是抗跌的，日元在通胀来临时是走软的，可以考虑投资澳元。澳元是商品货币，可以抗通胀的。在通货膨胀时期，外汇的汇率会有很强的波动。因此如果没有很大把握，尽量不要炒外汇，更不要长线炒汇，那样风险会很大。一般的短线炒汇还可以。

另外，对于年轻人而言，刚进入社会，手里的资金并不充裕，因此需要“精打细算”。不过活用公积金可以让自己手里的钱更加安全，也是一种不错的选择。

林先生在2006年结婚的时候买房，由于积蓄不少，加上双方父母的资助，购房资金很充裕，他和妻子小于的公积金就一直处于“雪藏”

状态，从未使用。当他在朋友那里听说目前公积金的存款利率很低时，就下定决心要把自己家的公积金盘活。公积金的年存款利率，相当于银行储蓄三个月的利息，那笔钱放在里面其实就相当于在贬值。但是公积金的用途十分明确：只能用来装修或者买房。所以小林就下定决心再买套房。不过在选房的过程中，林先生也有自己的“规划”：尽量少动用手头的现金，他把股市上的资金配置到楼市中。因此买房的时候，他觉得最好是总价不高，可以只用公积金贷款解决房子。小林夫妇最终果然找到了一套总价在 70 万左右的一室一厅。按照最新的规定，公积金贷款 5 年期以上的利率为 3.87%，林先生选择了 20 年的贷款期限，60 万元的贷款金额，算下来每个月需要还款大约 3600 元。这个支出与他们夫妻每个月缴纳的公积金额度相差 1000 元，因此买房的压力并不算大。买好房子后，他非常满意自己的计划。买下这套房子，除了首付的 10 万元现金，他几乎没有什么其他的投入。加上这套一室一厅的小房子所处的地段不错，每个月还有 1800 元的租金收益，除了抵消掉其每月缴纳公积金还贷不足的缺口外，还能有 800 元的收益。

其实，按照中国人传统观念，很少投资理财。但是随着现代社会发展，投资和理财已经不再是简单的低价买进、高价卖出那样简单。要想保持钱的安全性，就必须懂得如何理财。

炒股炒黄金都没错，但别拿所有钱来炒。经济学家阿尔文•费雪发明了可显示卡片指数系统，他曾借款以优惠权购买一家公司股份，大危机爆发后，股票一下子成了废纸。亏损的这笔钱里除了自己的全部积蓄，也有妻子、妹妹和其他亲属的储蓄。一夜之间，众叛亲离。

尤其不要什么火投什么，什么火买什么，适合不适合，有没有风险，总是赔了才知道。1996 年香港最火的投资是炒楼，普通人炒楼花，有钱人炒豪宅。香港演员钟镇涛与前妻章小蕙短期借款 1.54 亿港元，“炒买”港湾道会景阁 4607 室等 5 处豪宅和其他项目，1997 年亚洲金融危机，香港楼市大幅度贬值。由于部分贷款利率高达24%，其所余本息滚至2.5亿港元。2002年章小蕙、钟镇涛先后宣布破产。

安心赚自己的钱，切不要过分妒忌他人。我们现在的理财者越来越容易受到外界的影响。时常会听到说："谁谁谁今年买纸黄金赚了不少。""谁谁谁把钱借了高利贷，几个月利息就够本金了。""谁谁谁在网上做代购生意很火，是不是我们也可以做。""谁谁谁公司眼见就要上市了，可惜当时没入股。"被别人的财富故事激励的同时，也要保持一份清醒。做投资经常会碰到这样的问题。你不买，它可能会涨，涨的时候你可能会眼红。但要知道，只赚自己能赚的钱才是最重要的。

而面对如今众多的理财产品，如何选择也十分关键。一般而言，建议分散投资。每个理财产品总是在收益、风险和流动性上纠结不已，如同找女朋友，要么漂亮但不聪明，要么聪明但样子普通，难得碰到才貌双全的女子，却看不上你。幸好投资可以很花心，不能娶到白富美，但可以同时拥有，坐享齐人之福。这就是分散投资的风险。真正的分散是要在不同的资产类别中进行配置，比如应该有债券类资产，多数情况下与股票是反向的，还可以考虑黄金，市场越恐慌黄金越值钱，货币型理财产品也是，别看平时收益不高，但市场资金紧张时，货币型产品的收益不可小看。在不同的资产类别中进行配置，并根据自身的需求以及市场趋势的变动进行调整，这才是有价值的分散。

这就需要我们在依靠存款的同时，把资金分散到不同的理财产品中，"不要把鸡蛋放在一个篮子里"，也许这才是最安全的方法。

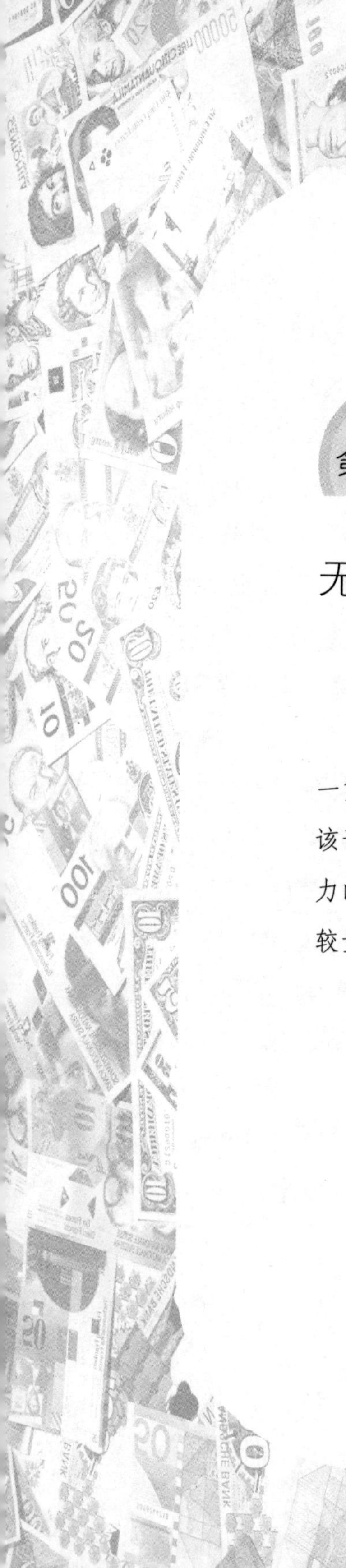

第七章

无边的国界

货币和音乐、体育一样，已经超越了国界。单一货币和共同使用货币对于一个国家是好是坏，应该说只有各国使用者才能深切感受到。面对综合国力的强大，货币将更多承载国家意志。因此，货币较量的背后所隐藏着的是国家软实力的对抗。

- 为什么各国使用不同的货币？
- 不同国家货币进行交换的基础是什么？
- 美元“霸主地位”是如何形成的？
- 欧洲几十个国家共用一种货币好不好？
- 人民币升值对谁有好处？

32.

为什么各国使用不同的货币?

数数你知道多少货币吧，人民币、美元、欧元、日元、英镑都是耳熟能详的，除了这些，还有泰国泰铢、墨西哥比索、加拿大加元、澳洲澳元等等，可以这么说，你所能说得出的国家基本都有自己的货币。而且我们也知道，各个国家的货币除了样式不同外，其价值也有很大的差异，英镑、欧元、美元比较贵一点，各国为什么不使用同一种货币呢?

货币是社会生产发展的产物，这也就是说每个国家都会有货币需求，也都经历了从最初的实物货币到金属货币，再到现在以纸币为代表的信用货币的演化。在人类早期，世界是分割的，交通也极其落后，各个国家的货币只是为本国的贸易服务的。各国不必考虑其他的国家，甚至根本不知道世界上还有其他的国家，那也就谈不上一国制定货币样式的时候，必须和另一国商量做成一样的了。随着交通的发达，各国的联系开始紧密，都知道了世界的另一角落还有很多其他的国家，还有很多和自己国家货币样式不一样但是功能相同的货币。这可能是各国使用不同货币的客观原因吧。

各个国家在制定货币样式的时候，都考虑了本国的历史、文化、传统等，因为货币是一个国家的象征。这也就有了形形色色的货币。每种货币背后都有各个国家独特的故事，铭刻着该国重要的历史人物，记录着独具特色的自然风光和人文景观，我们可以从货币中窥视出该国的文化和历史。

当然，各国使用自己不同的货币，还有更深层次的原因——货币主权。所谓货币主权就是指国家对本国货币行使的最高权力，是不容许外国干涉的排他性权力。主要包括确定本国货币制度之权，铸造金属硬币、印制纸币、确定货币币值和发行货币之权，调控货币升值或贬值之权，等等。正是因为每个独立的国家，都必须拥有独立的货币主权，这才使得各国都使用了不用的货币。

为了更好地理解这一点，我们可以从反面进行思考。如果一国没有货币主权会怎样？假如 A 国没有自己的货币，而使用的是美元。那么，A 国人民的储蓄是美元，所有的商品也是以美元计价。也许有人认为还

▲ 世界多国纸币

不错，美元价值挺高的。但是这个国家已经被美国绑架了。众所周知，美联储掌控着美元。如果美联储觉得本国经济出现衰退的迹象，就会投放大量的货币刺激经济，这时候美元就会贬值，那么A国人民手中的财富就会不断缩水，自己辛辛苦苦的劳动成果就悄悄地流失了。当然，如果美元升值，A国人民也跟着沾光。这就是说，A国的财富完全由美国来掌握，美国可以随时让A国储蓄变得一文不值，使整个国家破产。另外，A国政府也不会有制定货币政策来调节国家经济的职能，因为货币政策的传导工具是货币，通过控制货币的数量来调节经济，A国政府根本没有权力去发行美元，何谈宏观调控，政府只能看着经济大幅波动而毫无应对之策。

所以，为了国家的经济安全，为了政治的稳定，一个独立的国家必须要有独立的货币，货币主权是国家经济主权乃至国家主权的重要组成部分。目前，美元确实充当着国际货币的功能，各种大宗商品都以美元计价，当美国不断发行货币，实行量化宽松政策以刺激本国经济，让美元贬值，而以美元计价的商品价格就上涨，当其他国家进口商品的价格水平随之提高，最终会影响到本国的物价水平。这就是我们所说的输入型通货膨胀。应该引起我们的关注，尤其是有着巨额外汇储备的中国。

如今，各国流通的货币，不仅样式别具一格，而且其所代表的价值也有很大的差异。为什么1美元，可以兑换6元多人民币，而1元人民币，又能兑换12元多日元呢？[1]我们首先要了解一个概念——汇率，指的是两种货币之间的兑换比率，同时亦可视为一个国家的货币对另一国货币的价值。如果美元和人民币之间的汇率是6，也就是1美元能兑换6元人民币，而当汇率变为7时，也即1美元能兑换7元人民币，这就意味着人民币相对贬值，美元相对升值，反之亦然。

[1] 汇率经常发生变动，在此仅以2012年9月23日的数据作为分析依据。

各国货币之所以可以进行兑换，能够形成相互之间的比价关系，原因在于它们都代表着一定的价值量，这是汇率的决定基础。如在金属货币流通的时代，两个国家的货币单位可以根据它们各自的含金量来确定它们之间的比价，即汇率。

假如A国金币的成色和B国的都一样，则两国的汇率就是1∶1，如果A国金币的成色和纯度下降了一半，则在交换中两单位的A国金币才能兑换一单位的B国金币，这时候两国的汇率就是1∶0.5，也即2∶1。当金属退出流通领域，纸币开始盛行的时候，各个国家仍然参照以前的做法，以汇率规定纸币的含金量，这有种专业的称谓——金平价，金平价的对比是决定两国汇率的基础。但是纸币不能兑换成黄金，因此，纸币的法定含金量往往形同虚设。所以在实行官方汇率的国家，由国家货币当局（财政部、中央银行或外汇管理当局等）规定汇率，一切外汇交易都必须按照这一汇率进行。在实行市场汇率的国家，汇率随外汇市场上货币的供求关系变化而变化。所以，各个国家货币的价值和样式都是不同的，每一张纸币都是了解该国历史文化的窗口。

33.

不同国家货币进行交换的基础是什么？

显然，用人民币交换人民币，“不同国家不但有不同的汇率，而且在不同时刻应该有不同的汇率。”经济学家魏尚进在做题为“中国需要更加灵活的汇率和货币制度”的讲座时如是说。

显然，用人民币交换人民币，用美元交换美元是毫无意义的。但是，天下并非只有一种货币，不同的国家和地区有不同的货币。本国的货币叫本币，比如说对中国来说本币是人民币。其他国家的货币叫外币，对中国来说美元、欧元、英镑等是外币。本币与外币之间、不同外币之间便可以交换了。但国家与国家之间的买卖交换与国内的交换大有不同，因为各自的产品在计价时使用的计价单位并不一样，美国人用的是美元，中国人用的是人民币，用多少元人民币的中国产品才能换回 1 美元的美国产品，这是一个难题，于是汇率的问题就应运而生。

简单地说，汇率就是一国货币兑换另一国货币的比率，是以一种货币表示另一种货币的价格。汇率亦称“外汇行市或汇价”。由于不同国家使用不同的货币，而各国货币币值又不一样，所以，每个国家单位货币兑换其他国家单位货币的汇率自然就各不相同。尽管影响汇率高低的因素有很多，但从根本上说，是由该国单位货币购买力决定的。你拿 6.8 元人民币去换 1 美元，是因为你认为 1 美元值 6.8 元人民币。也就是说用 1 美元能买到的东西，需要用 6.8 元人民币才能买到。当然，这不是单指买食品或汽车，而是整体来说，大家都认可的，是这个比例。各国货币的购买力不同，也就是它们的内在价值不同，当然对外的汇率也就不同。

在这里有一点需要注意，并非谁的货币兑换比例高，谁的国力就强盛。比如1日元价值就很低，1美元约相当于78日元，1元人民币也能换约12日元。[1]这完全不能说明中国比日本强盛十几倍，只是一个国家的主要货币单位设置不同而已。

“汇率”对于人们而言，只是一个经济学概念，和生活并没有什么紧密的联系。但实际上，汇率在全球经济中起到了至关重要的作用，一个国家的汇率政策得当，往往可以使其在国际贸易等经济交往中站在较为有利的位置；而如果汇率政策与本国经济状况不符甚至受到其他国家或者机构的恶意操控，那么这个国家的经济局面就不容乐观。回顾历史，有非常多的实例，说明汇率的确是一把双刃剑。而对于不同的国家，各国货币汇率应如何确定，也成为当前经济形势下一个至关重要的问题。

在国际贸易中汇率是最重要的调节杠杆。因为一个国家生产的商品都是按本国货币来计算成本的，要拿到国际市场上竞争，其商品成本一定会与汇率相关。汇率的高低也就直接影响该商品在国际市场上的成本和价格，直接影响商品的国际竞争力。例如，一件价值100元人民币的商品，如果美元对人民币汇率为6.8，则这件商品在国际市场上的价格就约为14.71美元。如果美元对人民币汇率涨到8.5，也就是说人民币贬值而美元升值了，使该商品在国际市场上的价格变低，商品的价格降低，竞争力变强，肯定好卖，从而促进该商品的出口。反之，如果美元对人民币汇率跌到6.5，也就是说美元贬值，人民币升值，必将有利于美国出口商品。正是由于汇率的波动会给进出口贸易带来如此大的影响，因此很多国家和地区都实行相对稳定的货币汇率政策。

[1] 汇率经常发生变动，在此仅以2012年9月23日的数据作为分析依据。

汇率会因为利率、通货膨胀、国家的政治和经济等原因而产生变动。任何小的活动都是建立在整个大的环境背景之下的，外汇交易当然也不例外。在所有的交易当中，如果忽略汇率的影响，那么很有可能会出现判断失误进而造成损失。

在汇率波动幅度巨大的时候，持有外汇资产本身可能就会遭受重大损失。2008 年 10 月，中国中铁和中国铁建两公司同时发布公告，称因持有澳元外汇资产，在澳元汇率大幅下挫拖累下蒙受不轻的损失。其中，中国中铁称，2008 年上半年，澳元对美元汇率持续走高，加之公司正在实施的澳大利亚项目需要大量澳元，故公司通过结构性存款方式累计净做了 15 亿美元左右的澳币结构性存款，导致 19.39 亿元汇兑损失。类似以上案例中的汇兑损失，理论上难以避免，因为任何一种对冲工具都不可能完全对冲掉所有的风险。以上两大公司的损失在很大程度上来自对澳元趋势的误判和美元短期升值的估计不足。

汇率不仅仅对外汇交易本身具有影响，对国家也有不可忽视的作用。汇率是一国经济的重要经济指标，其变动对国民经济的影响是相当大的。

第一，汇率对一国国际收支有重要影响。汇率的变动会使本国商品的外币价格相应涨落，进而会抑制或刺激国外居民对该商品的需求，影响进出口的规模和贸易收支。一般来说，本币汇率下降，即本币对外的币值贬低，能起到促进出口、抑制进口的作用；若本币汇率上升，即本币对外的币值上升，则有利于进口，不利于出口。各国经济和货币当局往往会通过不断的汇率调节，来实现国际收支的平衡。在整个国家的活动当中，汇率往往担负着重要的“职责”。

第二，汇率变动还会对一国资本流入流出产生影响。为追逐利润、避免损失，国际资本不断进行流动，往往从货币贬值的国家将资本抽走，投入货币可能升值的国家。从这一点上来说，汇率对资本的影响与对外汇保证金有相似的地方，它们都会受到最终价格的影响，然后就是对盈亏的影响，长远来看，越是多变的汇率对一个国家的发展就越是不利。

第三，从进口消费品和原材料来看，汇率的下降会引起进口商品在国内的价格上涨。至于它对物价总指数影响的程度，则取决于进口商品和原材料在国民生产总值中所占的比重。反之，本币升值，其他条件不变，进口消费品和原材料的价格有可能降低，从而可以起到抑制物价总水平的作用。

当前在大多数工业国家取消固定汇率之际，多数发展中国家却继续保持原来的汇率制度，一般把各自的货币和某一工业大国通常是美国的货币挂钩。但是，在过去的十几年中，在应付国际和国内日益不稳定的局面时，许多发展中国家的决策者认为，保持固定汇率的代价越来越大。

因此，在国际货币基金组织的许多成员国中，实行更加灵活的汇率政策的国家所占的比例愈来愈大。在大多数这样的国家中，官方汇率按某种规则频繁地变动，通常是把官方汇率的变动与国内和国外通货膨胀率之间的差额挂钩。实行这种规则的理由是它有助于维持竞争力，使实际有效汇率保持接近购买力平价水平，即一个货币单位能够在所有的国家购买到同样的货物。

34.

美元“霸主地位”是如何形成的?

在当今的国际金融体系中，美元仍稳稳地坐在头把交椅上，美元霸主地位的形成，既有政治经济原因，也有历史传统原因。2008 年的金融危机虽然对美元的霸主地位有冲击，但并没有动摇其霸主地位。

美国在第二次世界大战时大发了战争横财，一跃而成为世界超级经济强国，为美元的霸主地位奠定了坚实的基础。

战争结束之时，“山姆大叔”已经囊括了 200 亿美元的黄金储备，占据全球储备总量的 60%；全球工业生产的 1/2 以上在美利坚领土上进行；全球各色商品的 1/3 产自美利坚；在此后的几年中，其出口仍为全球总出口额的 2/3；全球航运的 1/2 也在美国人的掌舵之下。美国担心由于战争而形成的出口型经济，会因为和平的到来而使增长势头戛然而止，甚至引发新的不景气，美国人意识到必须开辟新的海外市场来吸收美国生产率提高所生产的产品，必须要有稳定的美国占据强势的金融体系来做支撑。因此，美元必须成为国际法定硬通货，以便随时担当支付手段。美国人随后发现他们可以不靠出口和物资供应来控制世界，只要金融和美元供应便可称霸全球!

布雷顿森林会议确立了美元的霸主地位。现代国际金融史是从美国新罕布尔州一个叫“布雷顿森林（Bretton Woods）”的小小滑雪村开始书写的。1944 年 7 月 1 日至 22 日，美、英、法、中、苏等 44 个国家在美国新罕布尔州的布雷顿森林召开专家会议，商讨战后国际货币体系的重建问题。早在战争期间，美国就积极策划取代英镑而建立一个以美元为中心的国际货币制度，“布雷顿森林会议”成为暴发户美国向英国这个老牌帝国的一次彻底摊牌。1943 年 4 月 7 日，英、美两国政府分别在伦敦和华盛顿同时公布了“凯恩斯计划”和“怀特计划”。

凯恩斯计划是基于英国当时的困境，尽量贬低黄金的作用。“凯恩斯计划”是英国财政部顾问凯恩斯拟订的“国际清算同盟计划”。该计划实际上主张恢复多边清算，取消双边结算。当然，也暴露出英国企图同美国分享国际金融领导权的意图。

“怀特计划”是美国当时的财政部长助理怀特提出的“联合国平准基金计划”。怀特计划企图由美国控制“联合国平准基金”，通过“基金”使会员国的货币“钉住”美元。该计划还立足于取消外汇管制和各国对国际资金转移的限制。关于新的国际支付体系的性质，会上展开了大辩论。最后，美国坚决主张用美元作为国际货币。

当时，欧洲的重建和发展需要大量的资金，此时此刻世界上唯一的银行家就是美国了。要想接受美国的资金，就必须一并接受以美元为核心的主张。美元可以按固定利率自由兑换成黄金，其他各种货币要按固定汇率与美元挂钩。货币汇率只能经过与国际货币基金组织协商一致后才能变更，说穿了，就是必须与美国协商一致。在新体系的仲裁机构国际货币基金组织和世界银行这两个机构中，美国都坚持并被认可享有决定性裁决权。美国凭借其强大的政治、经济和军事实力，成为布雷顿森林体系的最大赢家。布雷顿森林会议之后，美国采取了一系列的措施来加强美元的霸主地位。

美国“债务悬河”之下的经济，在美元霸主地位之下必有暴利。美元的国际地位使得美国人总能很轻易、低成本地借到钱。美元的霸主地位给美国带来的利益是这个地球上绝无仅有的，而且这种利益来得不知不觉，常常令人误以为这是一种习惯使然。

与此相比，同样是发达国家，为什么德国、日本的经济仍需要大量依靠出口？德国的外贸依存度达 70%，日本也有 20%-30%。难道美国人真的天生比德国人和日本人更倾向于消费？如果你将美国人的消费观念作为答案，那么就大错特错了。

世界上各个国家积攒了美元都放在美国金融市场里。亚洲国家积累贸易美元，中东国家积累石油美元，当它们回流到美国国债市场上时，利率就压得很低，最终使得它们以较低的持有成本回到了美国人的手中。从 1913 年到 2001 年，美国在 88 年里一共积累了 6 万亿美元的国债，而从 2001 年到 2006 年，短短 5 年多的时间里，美国竟增加了近 3 万亿美元的国债。而且美国国债总额正以每秒 2 万美元的速度增长。

当美联储放松银根时，根据法律规定，它可以发放不超过黄金总储备量和国债的总额的钞票，也就是说，从 2001 年以来，美联储可以增发 3 万亿美元的基础货币，而每 1 美元的基础货币投放出来以后，可以通过银行，无中生有地变出 10 美元的新货币，这就是法定货币的惊人魔法。这就是黄金价格会暴涨的根本原因，这也正是美联储最不想让人发现的。地缘政治、恐怖袭击、伊朗危机等等，不过是表面现象而已。如此看来，房地产暴涨、能源价格居高不下、商品价格屡创新高，这些市场信息折射出了问题的本源，泡沫的不是黄金和石油，也不是房价和大宗物资，泡沫的恰恰是美元！

那么美国人借到钱之后，接下来会干些什么呢？

一方面，建立在美元霸主的这种国际地位之上，美国的借贷消费模式才得以发展起来。美元霸主的国际地位，孕育了一个世界上最大的借贷消费市场，使得美国经济受出口的影响较小。

另一方面，美国人拿着借来的钱去世界各地投资，赚利润。然后再用所赚取的利润来发展国内尖端科技。举个例子来说，美国人正是拿着中国人借给他的美元拿回到中国来投资，然后在中国赚取高额利润。以此观之，美元出来转了一圈之后，又回到了美国人的手里，美国人善于使“雁过拔毛”的手段，而有的时候美国人又何止拔毛？美国“先知”于 1945 年设计的国际货币体系，给美国人带来的福音延续到了现在。我们不得不佩服美国人超乎寻常的战略思维。

但常言道：好借好还，再借不难。

美国的债务如何得以持续？如果不能持续怎么办？实际上，假如某个人欠你钱，你最后再也不借给他钱，一定是认定他没有还款能力。美国要向世界证明自己还款能力的方式，无非是实现新的科技突破，形成新的经济增长点。如果真能这样，那么美元长期升值的基础便是存在的，这是外界对美国最“良好”的期盼。但是作为世界经济的火车头，美国拿着从其他国家借来的“美元”，难道干的都是好事吗？答案显然是非也！

当前很多国家的资产价格以及国际大宗商品的价格都处于一个比较高的位置，这些都与美元“放水”有一定关系。当美元升值，资金回流美国时，世界各地的泡沫就破灭了。泡沫破灭，很多人的财富都没有了，就看谁走得早，谁就能把钱留在手里。如果这是美国人有意为之的，那么美国人肯定就撤离得比较早。换言之，美国人利用其美元这支“长矛”，通过泡沫战术席卷了全世界的财富。

美元霸主地位的实质就是美国生产美元，而其他国家生产美元所能购买的东西，让美国大肆挥霍式地消费！

1980 年以来美国的高度繁荣和低通胀的经济奇迹，实际上是由发展中国家来买单的，其中主要是亚洲四小龙、中国以及石油输出国组织。由于美国所增发的货币中 70% 是流通到国际市场中，所以，美国的通胀得以被有效控制。而这些被增发的在国际市场上流通的美元，很大一部分被亚洲中央银行当黄金般的宝贝收藏着。美元一“生病”，全世界都得“吃药”，这就是所谓市场经济全球一体化时代“美元霸主”的权威体现。所谓“借债成瘾”，是因为就能这样“借”成全球首富。

35.

欧洲几十个国家共用一种货币好不好?

400 年前，一位名叫达万沙蒂的意大利人在一次演讲中，针对当时货币紊乱的状况，主张使用一种通用货币。2002 年 1 月 1 日，达万沙蒂的设想在欧洲成为现实。

欧盟一些成员国不惜采取紧缩财政、减少公共投资、冻结工资增长和提高税收等一系列影响政府形象的严厉措施，致力于推进“欧元”的进程，放弃自己的货币，这是为何？总而言之，他们认为欧元将给欧洲统一市场带来新的动力。

建立单一货币是一种战略选择，是出于多方面的需要。一是推动欧洲建设；二是完善和最终实现统一市场；三是为了发展经济和解决严重失业问题；四是期望能协调同美国和日本的竞争力。

欧元的统一使用真的能使成员国如愿以偿，带来他们所期望的诸多好处而无损害吗？关于欧元的争议，自它诞生以来从未休止过。有人赞叹第一个既不依赖于贵金属、又不依赖于任何主权政府的“超主权货币”给欧洲带来的团结与稳定；也有不少人将欧元视为不应存在的荒谬产物，在政治未统一的情况下，单纯的货币同盟只会将各国之间的矛盾掩盖，直至无法抑制后爆发。欧元最吸引人的事实是，对于它的作用与前景，支持与诋毁的双方都能进行强有力的证明。

支持者认为，这是欧洲国家之间建立经济和政治联系、结束过去分裂局面的最佳方法，同时希望建立世界上最大的单一市场，从而进一步扩大及巩固欧洲地区的稳定和繁荣。

欧元启动给欧盟带来的利益是难以估量的。

第一，现在的欧元区是个蕴藏着无限商机的巨大市场，其每年内部贸易额就高达 1.4 万亿美元，约占全球贸易总量的 15%。实行统一货币后，不光节省了巨额交易成本，还使人才、资金、技术和资源等得到最佳配置，从而获得最大的经济效益。欧元区的居民很快直接感受到的实惠是，欧元便利了消费者选择来自 17 国的商品，消费者将因此平均节约 12% 的费用。比如，西班牙的鲑鱼只有平均价格的 61%，而丹麦却高达平均价的 133%；奶酪在荷兰比在意大利便宜 2 倍；爱尔兰的土豆比丹麦便宜 3.5 倍。

第二，欧元有助于欧盟抵御经济危机，为欧盟赢得巨大的战略利益，这一点在 2008 年的金融危机中就得到了很好的体现。欧元自诞生以来，一直处于美元阴影之中。从长远来看，欧盟的经济实力强大、财政收支平衡、国际收支盈余、货币政策以稳定为导向，欧元实体化后其价值正逐步回归，随着欧元区的不断扩大，欧元进入流通后潜力巨大，这有助于降低国际汇市的风险。

第三，欧元的使用不仅促进了欧洲经济的融合，而且还促进了欧洲社会文化的融合。无国界、无身份、货币通用的人口大流动，允许当地人民更好地交流、讨论、表达和生活。各国间的这种文化相互渗透，给欧洲人一种生活在同一“屋檐下”、“新欧洲”命运共同体的感觉。欧元自然而然地成为推进欧洲一体化的新动力。

2002 年之所以把“卡尔奖”这一殊荣给了欧元，是因为欧元代表了欧洲一体化的思维，加强了欧洲人的共同意识，在促进欧洲一体化上具有重要的政治和经济意义。欧元的意义已不仅仅是欧洲一体化进程中的一个里程碑，它也将对保持欧洲的稳定、和平与繁荣做出贡献。欧元是欧洲经济和政治一体化的象征，是欧洲稳定和统一的象征。

▲ 欧元硬币

统一货币欧元使欧盟获得了走向更紧密联合发展的基础，欧元的意义不仅仅是一种货币单位，其重要性在于它淡化了欧洲地区的疆域和国别概念，是欧洲各国团结的标志。2002 年，随着 500 亿枚欧元硬币和 150 亿张欧元纸币进入流通领域，12 个欧元国世代使用的本国货币将结束其历史使命，这一伟大壮举似乎正在昭示“欧罗巴合众国”时代的到来。这是二战时期英国首相丘吉尔提出的“统一欧洲”概念。如今，欧元的诞生就是最有力的证据，表明欧元区 3 亿欧洲人朝这个“欧罗巴合众国”迈进了一大步。

但批评者则指出，欧盟新成员国平均经济水平只有原有成员国的 40% 左右，因此会使他们成为欧盟的经济负担。随着成员国数目的增加，欧盟的决策过程将变得更为缓慢。欧盟扩展之后，可能有大批人口从东欧前共产国家涌入较富裕的西欧国家寻求更高的工作或者社会福利。

在欧元区内最先出问题的希腊，本来它有一个很简单的办法来避免债务危机爆发——大量印钱，加大货币供应，以通货膨胀冲销所负的债务。问题的关键就在于，希腊的货币发行权不在自己手里，一个国家的主权里面最重要的权力之一，已经被让渡出去了。接着，葡萄牙、西班牙、爱尔兰、意大利、波兰甚至法国，不断有欧元区国家出现问题，可这些国家跟希腊一样，根本不可能有应付危机的办法，除了向国外求援、继续借钱还旧债……

正因为欧元的控制权掌握在欧洲央行手里，这些国家无法自主选择货币政策。在国家财政赤字状况恶化、需要刺激经济时，这些国家无法通过货币贬值来增加出口、降低债务，也无法自主降低利率刺激经济增长。如果经济不实现持续的增长，这些国家就根本无法还债。更要命的是，为了获得援助，它们必须接受紧缩财政、削减赤字的条件，而紧缩财政、削减赤字又会进一步使经济陷入紧缩，在本来需要刺激增长时反而采取抑制经济增长的措施，事实上会让这些国家雪上加霜，形成“为偿还债务紧缩财政——紧缩导致经济下滑——下滑导致债务增加——债务增加导致需要再借新的债务——借新债务要求紧缩财政”的恶性循环，结果就是这些国家在欧元框架下永远都不可能还清债务，只会越欠越多，直到破产。

当然，欧元区里并不是所有的成员国都处在困境中，至少头号大国——德国还是比较健康的，法国虽然也风闻将被降低国债评级，但基本经济基础还算不错，但是光靠德法就能拯救欧元了吗？欧元从诞生之日起就存在结构性问题——它要求国情存在巨大差异的众多国家使用统一货币，并遵守统一标准——这就如同让老人、青年、儿童一起跑马拉松，又要求所有人保持同一速度一样，当老人和儿童跟不上青年的步伐时，问题就会出现。而按照客观规律，这样的情形是早晚必然会出现的。现在，希腊、葡萄牙、西班牙、爱尔兰、意大利、波兰开始纷纷口吐白沫，不是中暑晕倒，就是摔断手脚，掉队的人越来越多，如果德国、法国不停下来，出钱出力背起掉队的人，这个游戏就会马上结束。德国和法国有能力扶持所有同伴继续一同前行吗？但如果德法停下来背起掉队的这些老人国、儿童国，那么欧元区又会变成养懒汉的“大锅饭”饭堂。辛苦工作的德国人会觉得不公平，凭什么每次都让德国当冤大头？难道德国人克勤克俭、吃苦耐劳，为的就是让希腊人躺在沙滩上晒太阳享受吗？

当初法国人、德国人为什么肯放弃自己坚挺的法郎、马克，甘心充当这个冤大头呢？无非就是虽然自知没有美国人的实力，美国人随便印钱、到全世界换得东西的快感实在是诱人，于是德法拉来一帮欧洲的堂兄弟、表姐妹们搭个草台班子，意图是分得美元的一杯羹，德法当这个冤大头的决心，是与能从美元手里夺下多少好处成正比的……如果欧元从世界上攫取回来的利益，比不上当冤大头支援别国的开支，那么德法还会有继续维持欧元的兴趣吗？这真是一个绝妙的讽刺，要确保欧元稳定，就必须让德国主宰欧元区。

总而言之，欧元流通后，将成为国际贸易中的结算货币以及非常有吸引力的储备货币，这对美元的货币统治地位直接构成挑战。欧元对区域经济整合有着良好的示范作用，为欧洲一体化开世界经济区域化之先河。至于欧元区内出现的一些困难问题和分歧，是不可避免的，怎么成功应对就成了对成员国最大的考验和挑战。

36.

人民币升值对谁有好处?

自2008年金融危机以来,人民币升值问题成为人们讨论的热点话题,对我们大家而言并不陌生。在中国由于人们长期以来生活在一个汇率稳定的市场环境下,人民币升值预期一旦变为现实,许多老百姓自然难免会感到无所适从,人民币升值到底会给我们的日常生活带来什么影响?权衡利弊,孰轻孰重?

在尚不清楚人民币升值到底有哪些利弊之前,先来看看美国人来中国的经济账本吧。

2010年,一个美国人到中国旅游,用10万美元兑换到68万元人民币。在中国吃喝玩乐了一年,花了18万元人民币。2011年,他要回去了,到银行去,因为人民币兑美元升值到1 : 5,这位美国人用剩下的50万元人民币兑换到了10万美元。来时10万美元,回去还是10万美元,分文不少,相当于免费游玩了中国一回。

另一美国哥们儿,也拿10万美元来中国,兑换了68万元人民币,花50万元买了套房子,吃喝玩乐花了18万元,2011年他想回去了,房子不能带走只好卖了,由于房产大涨净得100万元,同上原因,刚好能换20万美元,于是美国人说,我们玩也是在挣钱。

与此相反,2010年之前,美国拉拢中国签署以其制定的各种所谓平等的贸易规则进行对等的开放投资,一批中国人到美国投资,每人约用680万元人民币兑换到100万美元。这批中国人在美国买下部分资产,开工厂且努力工作，为当地创造就业和经济增长，平均约每人赚到 36 万美元。2011 年投资结算期到了，这批人要回去了，到银行去，因为人民币兑美元升值到 1∶5，这批中国人连本带利用 136 万美元换到了 680 万元人民币。来时 680 万元人民币，回去还是 680 万元人民币，中国人给外国人白干活了，为了不让努力浪费，部分中国人不得已决定在当地坚守，就这样中国大批的资金和人才不断地流失，给国家造成巨大的损失。

中国和美国相互投资的情况恰恰相反。美国公司在中国的投资，由于中国低廉的劳动力和近乎白菜价的稀有资源，使得这些公司赚取了相当丰厚的利润（表面上看，中国年年贸易顺差巨大，渐渐有经济强国之势，其实，近 60% 甚至更多都流进了这些跨国公司的口袋），与此同时，大量的污染排放造成了巨大的环境破坏。而中国公司到美国投资，由于人民币升值亏损的一塌糊涂。

显然，从以上几个例子中我们得知，人民币升值对于中国更不利。下面我们不妨就几个非常受关注的问题，来一一分析人民币升值后的利与弊。

人民币升值，进口与出口哪个更有利可图呢？

在其他条件不变的情况下，人民币升值，有利于进口，而不利于出口。由于进口商可从汇率升值中得到额外利润，而额外利润提供了调低进口商品在国内市场上价格的可能空间，如进口汽车及其他进口商品价格则会下降，从而可以增加对进口商品的需求，最终增加进口数量。从出口商角度而言，国内出口企业将货物发往国外，如果在人民币升值前未收到回流货款，无形中就使货款缩水了，利润大幅下降。

举个实例来说吧：一家出口服装的企业，其生产的女士手提包出口成本为 100 元，出口到美国可卖 15 美元，按照 1 美元兑换 8.27 元人民币换算，那出口个女士手提包可赚人民币 24.05 元（$8.27 \times 15 - 100$）；

人民币升值之后，假设升到 1 美元兑换 6.8 元人民币，那么一个女士手提包只能赚到人民币 2 元（6.8 × 15 － 100）。如果出口企业为劳动密集型企业，技术含量不高，对外贸易多依靠价格优势，那么人民币的升值，将会变相地提高出口商品的价格，商品国际竞争力将有所降低。

人民币升值，企业竞争力、物价会下降吗？

中国已经是名副其实的世界加工厂，自然就有越来越多的员工在涉外企业工作。对于一个普通员工而言，如果就业于一家出口企业，而且这家企业的国际竞争力主要来自于价格优势，那么人民币升值将会使得企业的竞争力下降，因为“中国制造”产品的一个致命弱点是，还没有形成自己的品牌，目前所占的市场份额，主要依靠中国产品价格的低廉，在竞争中并不处于主导地位，如果竞争力受到打击是很可怕的。

汇率作为本国货币对外价格，其变动也会对货币对内价格和物价产生影响。升值期间的冲击力将造成比较大的通货膨胀，物价将在数年内持续走高。但从进口消费品和原材料来看，汇率上升会引起进口商品在国内的价格下降，从而可以起到抑制物价总水平的作用，至于它对物价总指数影响的程度则取决于进口商品和原材料在国民生产总值中所占的

比重。因此，总的来说，人民币升值会使物价下降，有利于稳定国内物价。

人民币升值，普通老百姓购车与购房能否减轻压力？

人民币升值意味着进口车成本降低，而进口车的降价也必将带动国产车的价格整体走低，这对于持币待购的普通老百姓来说，无疑是个大好事。因为这意味着，车价会比以前便宜。对于普通老百姓来说，最关注的是人民币升值后，何时买车合适。按理，人民币升值，消费者都希望车价会应声而落，但汽车价格的涨跌，所受影响因素很多，最重要的因素还是由汽车市场的供求关系来决定的。如果购买力旺盛，汽车厂家前期库存短时间内消化干净，车价或许将会随成本降低而有所回落；如果市场需求不旺，即便升值，厂家的库存仍在，短期内车价调整的机会也可能不大。

人民币升值缓解了国内加息压力，既可降低房地产企业财务成本，也可降低购房者按揭利息和实际购房支出。但是，汇率上调会刺激高档房地产的价格上涨。国外资本看好人民币，但如果只是将外汇换成人民币，目前人民币存款利率太低，加上物价因素，实际上为负利率，将不会获得较好的收益。所以会换成人民币资本，而房地产自然就成了最好的选择。因为人民币小幅升值会使得外资预期国内房地产未来形势走好，刺激热钱流入房地产业，使房地产业需求增加。

一般而言，房价不会因为人民币升值而在短期内产生显著的影响，购房者可不必着急马上买房，可以静观其变，及时调整购房的预期与心态，等待更好的机会。

人民币升值，需要把外汇换成人民币吗？

对于人民币小幅升值，持有外汇储蓄的老百姓应该理性对待，如果家中有外汇需求，比如孩子可能要出国留学或打算去国外旅游等，还是不要急着将美元兑换成人民币，因为美元毕竟是国际流通货币，利用银行的外汇交易系统，可以很方便地兑换成英镑、欧元、日元等世界性币种。由于目前我国对外汇仍实施管制，将外币换成人民币后，很难再换回外币。个人从银行购汇需要用途证明，把大数额外汇卖给银行也要有外汇来源证明，手续比较严格，很不方便，并且一买一卖之间有近1%的价差。还不如保留一点儿外汇，以备不时之需。随着汇率逐步市场化，人民币不仅有升值的可能，也有贬值的可能，手中拥有外汇的市民，不妨根据外汇市场上的汇率变动，将手中的美元兑换成行情上涨的币种，以减少因人民币升值带来的损失。

人民币升值了，出国旅游或留学总该合算吧？

对中国的老百姓而言，人民币升值，表明自己兜里的钱更值钱了。当然，在以人民币计价的交易中，我们感觉不到升值所带来的变化。但是，一旦涉及对外购买行为，这种变化立即就能表现出来。无论消费者身处何地，用人民币购买国外商品或服务，都会比以前付出得少。无论是出国旅游，还是购买外国商品，老百姓可以付同样的钱享受更多的外国产品与服务。人民币升值，美元贬值，那些供养孩子留学的家庭，也因此减少了留学的费用，同时使境内居民出境旅游变得更加便宜。但是，外国游客入境旅游变得相对昂贵，这对国内的旅游业显然有不利的影响。

总之，人民币升值既会影响到我国的外贸和出口，也会影响到我国企业和许多产业的综合竞争力，中国经济增长的原动力将被大大削减，因为这种投资变得相对昂贵。

美国之所以施压让人民币升值，是希望通过人民币升值，阻碍中国商品大规模进入美国，显然人民币升值最大的获益者则是美国。美欧方面的动机似乎更为明显，就是为了通过人民币升值能从中渔利，而且借机削弱中国的经济实力，进而削弱中国的国际影响。

第八章

金融“危”与“机”

金融海啸虽然已经基本过去，但是金融危机给每个人所带来的隐隐伤痛却无时无刻不在提醒着我们：人类的本性使得金融风险无处不在。但是如何在高风险的金融行业转危为安，化险为夷，其实更多的还是需要人们的真诚相待和彼此信任。

- 虚拟经济和实体经济有何不同？
- 亚洲金融危机与索罗斯有什么关系？
- 为什么说美国次贷危机是“说谎者的游戏”？
- 欧债危机主要有哪些影响？
- 热钱是怎么回事？

37.

虚拟经济和实体经济有何不同?

日常生活中，我们有吃饭、穿衣、驾车等需求，而满足这类需求的便是人们常说的实体经济。实体经济是指物质的、精神的产品和服务的生产、流通等经济活动。包括农业、工业、交通通信业、商业服务业、建筑业等物质产品的生产和服务部门，也包括教育、文化、知识、信息、艺术、体育等精神产品的生产和服务部门。

实体经济是人类生存的基础性经济活动，实体经济中的生产活动为人类提供各种生产和生活资料以及服务，在满足人类物质需求的同时，也提供用以满足人类精神需求的文化、艺术等精神产品，是满足人类基本生活需要的根本途径。同时，实体经济也不断提升人类的修养和品位，推动着人类生活水平的不断提高，并提升人类的综合素质。实体经济还是现代经济运行的根基，是市场经济得以稳定运行的最广泛基础，是财富创造的真正源泉。实体经济始终是人类社会赖以生存和发展的基础。

和实体经济相对应的，是近年来出现的一个新词“虚拟经济”。现代意义的虚拟经济，主要指与虚拟资本以金融市场为主要依托的循环运动有关的经济活动，也就是直接以钱生钱的经济活动。因此像股票、期货、基金、证券等都是虚拟经济。虽然虚拟经济的概念出现得比较晚，但是虚拟经济却有着较长的历史。

自从人类经济从易货交易开始走进货与币的交易后，围绕着货币，金融服务业就开始出现在人类的交易生活中。金融存在的核心目的是为交易提供便利与安全，衍生功能则为增值与投机。考古学者告诉我们，早在公元前2000多年的古巴比伦时代，人类就开始有了货与币的原始交易，而在金融场所交易方面，远在太平洋西岸的人类，长期以来一直走在人类经济生活的前边。在唐明皇开创的开元盛世时期，商人们为了活跃的商务，创造了一种专门为金融业服务的商务机构——“金银行”，地点选在苏州。

在中国有了纸币的500多年后，长期以来一直生活在古罗马文明中的欧洲开始了金融方面的创新。一群意大利水城的威尼斯商人开创了现代形式的商业银行（公元1580年），20多年后，荷兰商人创造了人类的第一家证券交易所（公元1609年）。自此，人类金融服务从形式到规模有了日新月异的发展，开始从为交易双方提供便利与安全的服务核心区，向着金融的谋利与投机的衍生地带飘去。

而如今的虚拟经济，主要包括七个方面，即股票、债券、外汇、期货、保险、基金和金融衍生品。

在股市这个虚拟的金钱世界里行走的人常常奇怪，两年多前的一次股灾，竟然在短短的几个月时间里，将数量超过30多万亿美元的金融资产，莫名其妙地从海平面到大气层之间蒸发掉了。那些泡沫飞到哪里去了，很少有人能搞得清楚。30多万亿美元，如果换成实物的话，会是一种什么状态呢？

现在仅仅关注美国的债券市场状况，已令人震惊不已。2010年9月底，美国债券市场充斥着35.8万亿美元虚拟经济之下的产品。很少有人敢于想象，这些虚拟的金融产品一旦有那么几个带着“次级”的标志跑到大街上来以后，人类又将会陷入怎样的危机之中。

汇率市场也是一个难以想象的金融世界。1973年是人类汇市发展史上的一个拐点，之前，长期不太活跃的外汇交易市场，自这一年起，活跃得有些令人躁动不安了。1990年国际清算银行的专家吃惊地发现，这种虚拟经济的交易品种，日成交额已近 9000 亿美元了。原来以为金融危机重创了人类的投机行为，可能使其有所收敛，可事实是，2008 年以来，人类的经济成长率年平均为 2% 左右，而过去几年里，全球外汇交易量却以 20% 的年增长速度递增，目前动辄日交易量就是 4 万多亿美元。

另一个充满了投机气氛的所在就是期货市场。以中国期货市场为例，2010 年满怀着发财欲望的期货交易者们，一年折腾下来，从南到北，竟然将期货的总交易额做到了 308.67 万亿元人民币。这是什么概念？整个中国十几亿人口，前后东奔西跑，上下埋头苦干，生生地才把 GDP 做到了 38.7 万亿元人民币，真是不可思议。

▲ “全民游戏”高利贷

传统企业老板逐渐远离实业，转投房地产等暴利行业以及虚拟经济，温州经济空心化日趋严重，民间借贷演变成全民游戏，公务员也大量参与，上演“最后的疯狂”。1100 亿元民间借贷资金中，没有进入生产投资领域的资金规模约占 40%，这笔巨额资金在空转，那么高昂的利息从哪儿来呢？

无数的投资者，都以为拥有“股神”之称的美国奇人巴菲特长年征战于股市，在这个充满了变数的舞台上，风云驰骋，不可一世。事实上，这位仁兄玩得最精彩的，不是在一级市场的财务参股与战略投资，也不是在二级市场上的炒作与并购，他玩得最沉醉的却是保险业务。2010 年，巴菲特治下的 Berkshire Hathaway 制造的有形产品营业额并不高，但旗下公司卖出的保单数量却大得吓人，前后销售了 1125 亿美元，进而荣登全球 500 强的第 24 把交椅，更令所有关注他的人惊讶不已的是，他经营的保险业务一年的利润进项竟有 81 亿美元。中国最大的三家保险公司——中国人寿、中国人保与平安保险，几十万的员工没日没夜地在街上拉保单，也赶不上巴菲特经营的一家公司。所以，以专业金融的眼光看，巴菲特先生绝不是无数希望发大财的国人心目中的“股神”，而是一生谨慎理财、精打细算、手法质朴的“险神”。

除此之外，基金也是虚拟经济界的主力军。实体企业通常拥有庞大的员工队伍，从料场到生产线，从研发室到库房，从原料到产品，产业经营链拥挤而漫长，与之不同，所谓基金公司常常是只有几个研究人员，若干操盘手，趴在电脑上，今天查资料，明天看图形，后天访企业，就这么一群所谓的“小众精英”，一年下来，在虚拟经济的世界里东征西战，指南杀北，从营业额到资产规模，常常是搞了多少年实业经济的人难以置信的。

早在金融衍生品炸翻华尔街的前六年，仿佛金融界的先知，巴菲特开始在他的年报里预言：“我视金融衍生品为定时炸弹，它们对操作方是定时炸弹，对整个经济系统的运转亦是定时炸弹。衍生品是大规模金融杀伤武器——其中的危险，虽然目前潜伏不发，但却具有潜在的巨大杀伤力。”最终，一场几乎把人类经济全部吞没的金融海啸不可避免地发生了！

不难发现，虚拟经济具备两大特征：经济性和虚拟性。所谓经济性，就是指价值符号及它们的交换也是以劳动价值为基础的，没有价值及价值交换就与经济沾不上边，也就谈不上它的经济性；并且，价值符号还可以还原为价值实体，即从虚拟走向现实。所谓虚拟性，是指它的交换物在形态上是虚拟的而非实物的，它只是以价值符号为交易对象，而不以实物为交易对象。虚拟经济领域交易的只是价值符号而不是有形的实物。纸币不是价值实体，而只是一种价值符号；这种符号又脱离了价值实体，成了实体价值的影子。

从经济本质上认识，金融业原本是该为企业和社会服务的，虚拟经济本应为实体经济服务。可今天我们发现，虚拟经济从规模到功能，基本上已经脱离了实体经济。各国金融机构的无数外汇交易员们，每天生活在安装着空调，装修舒适典雅的工作环境中。2010 年一年里，这些人坐在计算机的屏幕前，打打电话，看看报表，敲敲键盘，结果所有人都吓了一跳，在全球各个城市之间，飞来跑去的资金交易总量竟有 1200 多万亿美元之多；再看看那些组织货源，忙于商检、报关、储运及收款的各国贸易商们，一年中，风里来雨里去，发运与结算回的货款，说多了也就是 16 万亿美元。一虚一实，两种经济竟差着 70 多倍！此情此景，真的令很多人难以理解。

虽然虚拟经济的发展可以为实体经济提供融资支持，提高资本使用效率，并推动实体经济发展，但虚拟经济的发展规模必须取决于实体经济的发展阶段、水平、结构和规模，先有健康稳定的实体经济，才能发展欣欣向荣的虚拟经济，离开了实体经济的虚拟经济，只是看似美丽的海市蜃楼。虚拟经济存在的宗旨原本是为实体经济提供便利的。可现在的情形是，无数的金融从业者为了一己私利，不断地侵占其他行业的利益。金融在无边界地扩展，货币在到处泛滥，结果就是一次次地把全球的经济带入严重的通货膨胀困境之中，使经济进入恶性循环，最终导致经济危机。

38.

亚洲金融危机与索罗斯有什么关系?

1997年的亚洲金融危机，让亚洲人记住了一个名字“乔治·索罗斯”，美国著名投资家。他直接参与甚至是制造了这次轰动世界的金融危机，给亚洲人民带来了巨大的灾难。有人曾说，索罗斯是金融危机的罪魁祸首，是否真的是如此呢?

1990年代初期，当西方发达国家正处于经济衰退的过程中，东南亚国家的经济却出现奇迹般的增长，当亚洲仍沉迷于泡沫经济的狂热和兴奋之时，根本没有意识到自己经济体制的漏洞和可能存在的隐患，但是有人却注意到了。随着时间的推移，东南亚各国经济过热的迹象更加突出，虽然中央银行采取不断提高银行利率的方法来降低通货膨胀率，但这种方法也为投机提供了机会，银行本身也加入投机者的行列。这就造成了一个严重的后果，各国银行的短期外债剧增，一旦外国游资迅速流走各国金融市场，将会导致令人痛苦不堪的大幅震荡。其中，问题以泰国最为严重，因为当时泰国在东南亚各国金融市场的自由化程度最高。索罗斯的机会来了。

以泰铢为例，在泰铢没有贬值之前，索罗斯通过各种渠道借了大量泰铢，借来后兑换成美元（以1美元=24泰铢的价格），当借到一定数量后，通过他在国际金融市场的影响力和泰国与美国的实际经济状况，发表演说或其他媒体进行宣传，引起拥有泰铢的人们在市场上抛售泰铢，泰国政府为了保持泰铢币值的稳定，则要用大量的外汇储备来购买这些被国际炒家抛出来的泰铢，这样供求才能平衡。当泰国用光了储备还不能维持泰铢稳定后，则只能是任由这些炒家们大肆抛售，泰铢贬值。到这时，索罗斯就抛美元，购泰铢，进行偿还之前的债务，从中获取借时与还时的差价：如果当时的汇率是 1 美元 =45 泰铢，那么索罗斯 1 美元就可以赚 21 泰铢。而对于泰国来说，泰铢大幅贬值，人们手中的财富就会凭空缩水很多，外资大量撤离，很多金融机构破产倒闭，经济陷入瘫痪，随之而来的是政治波动。

抛售泰铢，金融大鳄初显威

1996 年，泰国由于经常项目逆差迅速扩大、经济形势恶化，泰铢面临巨大的贬值压力。为了维持钉住制度（即保证泰铢和美元汇率的稳定），泰国中央银行通过增加对外汇市场的干预力度来保持泰铢稳定，这为国际投机资本提供了可乘之机。1997 年年初，以索罗斯为首的国际投机商开始对觊觎已久的东南亚金融市场发动攻击。索罗斯携其量子基金开始大量抛售泰铢，泰国外汇市场立刻波涛汹涌、动荡不安。泰铢一路下滑，泰国政府动用了 300 亿美元的外汇储备和 150 亿美元的国际贷款在外汇市场上购买抛售的泰铢，企图力挽狂澜，维持泰铢的币值。但这区区 450 亿美元的资金相对于无量级的国际游资来说，犹如杯水车薪，无济于事。泰铢贬值的浪潮一浪接着一浪，泰铢兑换美元的汇率屡创新低，至 1997 年 8 月 5 日，泰央行决定关闭 42 家金融机构，至此，泰铢终于失守。泰国金融危机的爆发，给那些依赖外国资金进行生产并用泰铢偿还外债的泰国企业带来灭顶之灾，挤垮了银行 56 家，泰铢贬值 60%，股票市场狂泻 70%，泰国人民的资产大为缩水。

横扫东南亚，金融大鳄露本色

继泰铢失守，菲律宾比索、新加坡币、印尼盾，都成了索罗斯的狙击目标，尽管各个政府都采取了诸如提高利率等政策，无奈在索罗斯强

▲ 索罗斯退休

2011年7月，乔治·索罗斯正式宣布退休，结束其40年的对冲基金经理生涯，旗下的索罗斯基金管理公司将返还外部投资者近10亿美元的投资现金。

大的攻击力下，各国政府均感力不从心，只能相继放弃了抵抗，任由国际炒家们大肆抛售本国货币，以致其大幅贬值。1997年7月11日，菲央行宣布允许菲律宾比索在更阔的幅度内波动，一时间，比索贬值惨不忍睹，比索保卫战全面失守。印尼盾失控，股市崩盘，经济动乱引发了国内民众的不满，发生了大规模的暴动，而印尼总统苏哈托也只能在危机中黯然下台。

进军香港，国际炒家终铩羽

东南亚连续得手，让索罗斯一路高歌猛进，且意犹未尽，1997年8月15日，索罗斯用同样的方法开始攻击港币，并利用股票市场和股指期货市场大肆做空港币。他的做法是，先在股票期货市场大量买进一些股票，买入远期美元，卖空远期港元，造成美元未来要升值、港元要贬值的声势。待香港特区政府为对付港元受到狙击而采取措施大幅提高利息时，股票市场开始受影响出现一定的萧条，人们忧虑利率大升拖低股市与楼市，这时投机者便趁势大沽期指，令期指大跳水。于是，股票市场上人心惶惶，恐慌性地抛售股票，炒家就可平掉淡仓而获取丰厚的利润。简言之，投机者虽然在港元汇价上无功而返，甚至小损，但在期指市场上却能狠捞一笔。

香港特区政府旋即投入外汇储备保卫港币。一是动用庞大的外汇储备吸纳港元，二是调高利息并抽紧银根。一番对攻之后，港股在连续下跌中止住脚步并开始强劲反弹。1997 年 8 月 28 日，香港股市当日总成交金额达 790 亿港元，创历史最高纪录，在中国内地庞大外汇储备的支持下，这场较量以香港金管局的取胜而告终。

索罗斯走了，留下的却是满目疮痍的东南亚，一片衰败。回顾一下当时一些报道，就可以清晰地知道这场危机给各国人民所带来的危害。危机之前，泰国一个小业主回忆说：“好像我们挺有钱，以至于每个人都着手准备去买奔驰。”他们热衷于海滨别墅、瑞士欧米茄、法国 XO、德国奔驰、日本松下。像美国人一样，他们每年也潇洒地安排去欧洲旅行；孩子送到私立学校……当你在曼谷郊外碰见一个乡下主妇，甚至街头叫卖的小贩，说不定就是股票大军的一员。“钱来得太容易了”，那时候，他们会以这么一种调侃的语气说。可是当时，泰国人目瞪口呆地瞧着索罗斯从他们手里抢走原本属于他们的一切：家庭轿车被警察拖走、失业开始困扰自己、浪漫的欧洲之旅只好取消、孩子也只好转到便宜的公立学校……马来西亚总理马哈蒂尔说：“这个家伙（指索罗斯）来到我们的国家，一夜之间，使我们全国人民十几年的奋斗化为乌有。”泰国一银行行长差旺说：“我们只能眼睁睁地瞧着索罗斯这流氓强盗剥夺我们曾经拥有的财富，我们只想说，你不就是要钱吗？”对所有的东南亚人来说，他们过去曾拥有的一大笔财富瞬间化为乌有，萨马特电讯公司总裁查奴瓦斯特说：“曼谷人甚至还没来得及享受荣华，汽车刚下生产线，房子新刷的油漆还没有干。但他们已经失去了一切。”印尼音乐家邦尼勒古马赫为买一幢梦中花园而奋斗了30年，正准备迁入时，风暴来了，他不得不退掉它。他说：“一个为吃饭而忧的时代，一个需要省吃俭用的时代已不可避免，但曾经沧海的感觉，让他们仍沉浸在富有的回味中。”

危机过后，最需要的是深深的反思。是索罗斯一手导演了这场金融危机吗？这场危机爆发的原因究竟在哪里？目前，经济学界讨论很多，其中不乏一些阴谋论。但有一点是比较一致的，即这场金融危机爆发的原因还在于东南亚各国不合理的发展模式，给国际炒家们发挥的空间。用句比较粗俗的话就是“苍蝇不叮无缝的蛋”，即使没有索罗斯，也会有其他国际炒家的出现，或者东南亚各国的经济会自动爆发危机，挤掉泡沫，重新调整。虽说如此，以索罗斯为代表的国际炒家在这次金融危机中起到了推波助澜的作用。他们能在短时间内迅速聚集大量的资本，一旦发现在哪个国家或地区有利可图，马上会通过炒作冲击该国或地区的货币，以在短期内获取暴利。这就是游资的本性。另外，亚洲各国的外汇政策不合理，东南亚各国在战后靠大量吸引外资而发展。一方面保持固定汇率，另一方面，又想扩大金融自由化，而且过于激进，这给国际炒家提供了可乘之机。如泰国就在本国金融体系没有理顺之前，于1992年取消了对资本市场的管制，使短期资金可以自由流动，为外国炒家炒作泰铢提供了条件。而且为了维持固定汇率制，这些国家长期动用外汇储备来弥补逆差，导致外债的增加，且多为中短期债务，一旦外资流出超过外资流入，而本国的外汇储备又不足以弥补其不足，这个国家的货币贬值便是不可避免的了。本币的贬值导致银行体系的资产负债状况进一步恶化，触发大面积的银行业危机，一旦银行信贷崩溃，经济崩溃随之而来。

如果再深入地探究原因，是东南亚过度外向型的发展模式导致了这次金融危机。保持较高的经济增长速度，是发展中国家的共同愿望。但应该根据自己的实际情况而定，切不可揠苗助长。东南亚国家经济的发展过度依赖银行信贷，而且当高速增长的条件变得不够充足时，为了继续保持速度，铤而走险，转向靠借外债来维持经济增长。但由于经济发展的不顺利，到 20 世纪 90 年代中期，亚洲有些国家已不具备还债能力。银行的风险敞口很大，金融系统非常薄弱，一旦经济发展受阻，就是银行业大面积的不良贷款，而且会引起外资的大量出逃，这时候，外币相对升值，本币相对贬值。只要国际炒家稍微一炒，金融体系就崩溃了。这就是亚洲金融危机爆发的原因。前事不忘，后事之师。我们应该做的就是加强自身金融体系建设，合理引进外资，防范系统性风险，不给一些揣有不良动机的投机分子留下任何机会。

39.

为什么说美国次贷危机是“说谎者的游戏”？

和中国人的消费模式不同。在美国，贷款是非常普遍的现象，从房子到汽车，从信用卡到电话账单，贷款无处不在。美国本土的当地人很少一次性全额付款购买房子，基本上都是按揭贷款购房。加上，美国的社会保障体系比较发达，所以美国人不怕失业带来的不安全。但是为了享受较好的生活质量，为了能住上好的房子，对于那些因为信用等级达不到标准的低收入群体，怎么办呢？

因此，在美国只要有需求，市场就会有供给。贷款公司把广告投放到各大电视、报纸和街头巷尾，甚至还出现过“节目中植入广告”的现象。这些信息无不充斥在所有人的周围。相信对于那些稳定收入或者是高收入的群体，他们不必担心无法还款。但是既想住上宽敞明亮的大房子、信用资质却又较低的人，却为了得不到住房贷款而发愁。

这时候，贷款公司出招了。他们打出的广告无不在精神方面刺激着这些低收入者。想买房吗！贷款吧！贷不了款！找我们吧！可是没收入啊！我们有优惠！可是首付也没有啊！我们提供零首付！可是利息也很高啊！没关系，我们头三年给你提供2%的优惠利率！每个月还是付不起？没关系，头24个月你只需要支付利息，贷款的本金可以两年后再付！想想看，两年后你肯定已经有钱了！再看看这些年房地产市场，那真是漫山红遍、欣欣向荣的一片景象，比你投资股票还能挣钱。美国人看到如此多的诱惑，如此漂亮的大房子，把心一横，开始进军房地产市场。

那些收入并不稳定甚至根本没有收入的人，买房因为信用等级达不到标准，就是次级贷款者。而那些成天打着广告，向信用程度较差和收入不高的借款人提供的贷款，就是次级抵押贷款。向来自我感觉良好的美国人民走到哪里都会自信满满地告诉你，演电影的都能当上州长，再过几年没准我也当个美国总统！也就是在2006年之前，美国利率水平较低，住房市场持续繁荣，美国的次级抵押贷款市场迅速发展。

因此，那些主营次级抵押贷款的贷款公司发现了这是一个不错的挣钱办法，但是他们把钱都贷给还款能力低的人后，自己却没什么钱了。因此，他们想办法找到了美国比较有实力的几家大型投资银行，像高盛、美林、摩根，因为它们十分通晓房地产市场那波诡云谲般的变化和市场风险。这些次贷公司心想，自己下水不要紧，要是能拉这些大腕下水给自己兜底，就算损失也不会太大。于是他们就和这些大腕商量出了一种办法，通过重新打包一些债券，通俗说就是CDO（即担保债务凭证，是一种固定收益证券，现金流量之可预测性较高，不仅提供投资人多元的投资渠道以及增加投资收益，更强化了金融机构之资金运用效率，移转不确定风险），然后卖给美国人，让美国人来承担次级抵押贷款的风险。

投行们凭借自己嘴上功夫卖掉了CDO中较低风险的债券，但是高风险债券还是少有问津。于是，投资银行又动起了脑子，想来想去，找到了对冲基金。对冲基金是做什么的？其实就是在全世界的金融市场上买空卖多的主儿。于是对冲基金的老板们动用自己的关系，找到了利率最低的银行借钱，然后买入CDO债券。试想一下，光靠银行利息差，对冲基金就已经乐得合不拢嘴了。

债券销售出去了，公司资金也收回来了，次级贷款公司的业绩也一路飙升，短短几年就翻了一倍多，根本不会出现还不起房贷的事情，就算没钱还，把房子一卖还可以赚一笔钱。结果是从贷款买房的人，到次级贷款公司，再到各大投行和对冲基金公司，人人都能赚到钱。

不过当对冲基金挣的钱比投资银行还多的时候，投资银行心想，本来不想玩觉得风险比较高的次级抵押贷款，但是发现这些对冲基金公司挣着钱，心情还不错。于是他们也开始打起了 CDO 的主意。

这回，对冲基金高兴坏了，它们看到投资银行这么疯狂地购买 CDO，便用 CDO 债券作抵押，换来贷款，继续买 CDO。因为当初签了协议，这些 CDO 都归对冲基金的！投行一看，斗不过对冲基金，就又想出了一个新产品，叫信用违约交换，俗称 CDS，它是一种对银行间债券业务的保险，类似于买保险，买方同意在一段时间内支付费用给卖方，而卖方仅在特定情况发生时，比如违约，才支付一笔金额给买方。签订合约的双方都可以把它转售给其他人。简单说，就是债券危机，给人家做保险的一方，现在无力支付违约金。他们觉得 CDO 风险太高，就给 CDO 投保，每年从 CDO 里面拿出一部分钱作为保金，白送给保险公司，但是将来出了风险，大家一起承担。保险公司也很明白，CDO 这么赚钱，1 分钱都不用出就分利润，这不是每年白送钱给我们吗？而对冲基金想，这几年也已经赚了不少钱了，以后风险越来越大，光是分

一部分利润，也值了！

但是美国华尔街的金融宠儿们，的确会利用金融想出很多办法，基于 CDS 的金融衍生产品，便又想出了更多的赚钱办法。现在 CDS 这么赚钱，我们为何不放，为了买 CDS 发行一个新的基金。于是他们用先前 CDS 挣的钱作为保证金来设立一个新的购买 CDS 的基金，即便这个基金发生亏损，那么先用这笔保证金垫付亏损，也只有等这笔钱亏完了，真正投资的本金才会开始亏损，况且，再亏损钱，通过火爆的 CDS，怎么收不回那保证金呢？评级机构看到这个天才设想，简直是毫不犹豫地给予 AAA 评级。结果这个基金卖得更加疯狂了，各种养老基金、教育基金、理财产品，甚至其他国家的银行也纷纷买入。

但是，好景不长，房地产市场终归是一场高风险的游戏，2006 年年底，因为房价下跌，优惠贷款利率的期限到了之后，先是无法偿还贷款，紧接着是次级贷款公司破产倒闭，投资银行也发出巨额亏损报告，对冲基金大幅亏损，继而保险公司利润快速下滑，股市大跌，民众普遍亏钱，无法偿还房贷的民众继续增多，最终美国的金融危机爆发了。

我们再回顾一下美国这场金融危机的当事人吧。其实从低资信的贷款者到次贷公司，再到投行和对冲基金公司、保险公司，他们其实在次贷危机中，仅仅都只看到了房价上涨给他们带来的暴利，但是并没有看到一旦资金链断掉，自己其实是根本无法偿还的。这是一种典型的投机主义。而对于投资银行，其自身也是具有投机主义倾向的，在次级贷款问题上，金融机构由于存在杠杆机制对投资银行赚钱的诱因，使得投资银行把钱借给了那些信用资质较低或收入较少的借款人，所以导致银行等金融机构在发放贷款时审查得不严，从而银行在放出去的贷款中很难得到返还的信用保证。总而言之，市场上的人都是出于对金钱的热爱而奋不顾身地把钱投到了房地产市场。而次级贷款公司不断地给贷款者画大饼的时候，其实他们心里很明白这部分抵押贷款风险很高，而在金钱的驱使下，所有的金融机构都忘记了这是一个带着甜味的陷阱，而不断地包装推出金融衍生产品。这些产品从表面上看带有无比耀眼的光圈，但是其内在却存在着极大的不稳定因素。作为普通民众，在金融危机之前总是被这些人牵着鼻子走，而且一个接着一个谎言，让公众掏出自己的腰包。华尔街投机者钻制度的空子，弄虚作假，欺骗大众。最后终于次级贷款还不清之后，金融危机爆发了。

但是，次级购房者又好到哪里去了呢？一种以享乐为特征的高度世俗化的消费模式主宰着美国社会。为推动经济增长，鼓励寅吃卯粮、疯狂消费的现象，让奢侈化生活遍布美国。

自上世纪 80 年代初里根执政以后，美国一直通过制定和修改法律，放宽对金融业的限制，推进金融自由化和所谓的金融创新。例如，1982 年，美国国会通过《加恩－圣杰曼储蓄机构法》，给予储蓄机构和银行相似的业务范围，但却不受美联储的管制。根据该法，储蓄机构可以购买商业票据和公司债券，发放商业抵押贷款和消费贷款，甚至购买垃圾债券。另外，美国国会还先后通过了《1987 年公平竞争银行法》、《1989 年金融机构改革、复兴和实施方案》，以及 1999 年《金融服务现代化法》等众多立法，彻底废除了 1933 年《美国银行法》的基本原则，将银行业与证券、保险等投资行业之间的壁垒消除，从而为金融市场的所谓金融创新、金融投机等打开方便之门。因此，通过房地产市场只涨不跌的神话，诱使大量不具备还款能力的消费者纷纷通过按揭手段，借钱涌入房地产市场，最终金融危机一触即发，不可收拾。

谎言终究是要被揭穿的。在揭穿的那一天，无论是谁都会遭受损失，那么，为什么不让谎言暴露在阳光下呢？

40.

欧债危机主要有哪些影响?

欧洲主权债务危机爆发的主要引线或导火索可以说是希腊。希腊在2001年达到了欧盟的财赤率要求，同年加入欧元区。但是，这一过程对希腊而言，所付出的代价也是相当巨大的。具体而言，希腊为了尽可能缩减自身外币债务，与高盛签订了一个货币互换协议。这样，希腊就通过货币互换协议减少了自身的外币债务，达到足够的财赤率加入欧元区。但通过与高盛所签订的协议来看，希腊就必须在未来很长一段时间内支付给对方高于市价的高额回报。随着时间的推移，希腊的赤字率显然会走入低迷状态，从而导致了2009年的主权债务危机形成。

欧债危机可以视为2008年爆发的金融危机的一部分。欧债危机虽然表现为欧洲国家财政的风险，但根源则是这些国家的经济结构出了问题。实际上，这些国家是以负债的方式提前享受了经济成果，但经济增长却不能支撑这样的消费水平。说白了，就是有些国家不好好干活，却沉于享乐，还享受着很高的福利水平。欧债危机告诉我们：这种寅吃卯粮的游戏不可持续。也正因为这种原因，勤奋工作的德国对于伸手搭救懒惰的欧元区兄弟存在很大的不满。

随着欧元区主权债务危机持续发酵，已经成为影响国际金融稳定和经济复苏的一个重要因素。伴随危机的不断深化，欧元区生存前景开始遭到质疑，欧盟内部成员国对经济货币联盟的改革方向意见分歧加剧，欧洲一体化进程面临不进则退的重大抉择，这场危机对世界经济的潜在破坏性影响也进一步凸显。

评估政治风险的智库梅普尔克罗夫特全球风险顾问公司曾发布一份研究报告指出，在最容易受欧元区债务危机恶化影响的非欧元区经济体中，英国名列榜首，这是因为英国与这个单一货币集团的贸易和银行业联系紧密。这些经济体所受的影响包括工业产值的下降、竞争力的丧失以及由于收益率上升而可能导致主权债务的不可持续性。报告称：欧盟成员国英国的财政困境及其与欧元区密切的贸易关系，令其对欧元集团经济危机加深时的应对能力极度有限。一旦欧元区大的经济体倒下，英国的贸易额将下降7%。同时由于英国的银行涉足欧元区银行和主权债券，它们所遭受的损失将相当于 GDP 的 7%。

此外，中欧和北欧国家以及科特迪瓦和莫桑比克等非洲大宗商品出口国也在 17 个被列为处于“极度危险”的经济体中，而“金砖四国”巴西、俄罗斯、印度和中国等新兴市场国家也受到很大影响。欧盟成员国波兰、匈牙利和捷克在危险度上分别排在第二、第三和第四，而瑞典和丹麦位列第八和第九。

在欧洲大陆，虽然半个欧洲都被债务问题所困，德国经济却一枝独秀。一方面，这要归功于德国自身的宏观经济政策和良好经济基础；另一方面，虽然德国也不希望危机发生，但不可否认德国是这场债务危机的最大受益者。一是危机为德国带来丰富的廉价劳动力；二是欧元贬值令德国出口企业获益；三是欧债危机把德国推向欧洲政治舞台的中心。然而，今天的德国显然还没到该高兴的时候。从自身经济来看，虽然 2011 全年取得了 3%的增长佳绩，但 2011 年第四季度德国经济已出现了 0.25%的轻度萎缩。德国经济部长勒斯勒尔 2012 年 1 月 18 日说，2012 年德国经济增长率预计仅为 0.7%。从欧洲全局来看，如果不能遏制债务危机继续恶化，甚至出现欧元区解体等极端情况，则德国经济必然无法独善其身。

从 2011 年下半年开始，欧洲主权债务危机对美国的个人消费者和公司都造成一定的影响。虽然到目前为止，这种影响仍旧是有限的，但由于美国和欧洲之间的联系十分紧密的缘故，因此后者任何的增长放缓趋势，都会令美国市场也同样感受到威胁。在美国，汽车、太阳能面板、药品、服装和计算机设备制造商都已经公布报告称，它们已经感受到来自于欧元区主权债务危机的影响。欧盟是美国首屈一指的贸易伙伴。数据显示，在 2011 年前 9 个月时间里，美国和欧盟之间的贸易总额接近于 4750 亿美元。在美国最大的 500 家公司中，有大约 14% 的营业收入来自于欧盟市场，也就是 1.3 万亿美元左右。美国经济特别容易受到欧元区危机的影响，原因是其增长表现过于疲弱，而且还面临着其他风险，如公司聘用活动表现疲弱、薪酬增长陷入停滞状态、能源价格上涨、贸易赤字处于较高水平以及政府可能大规模削减支出等。

随着债务危机的深化，欧债危机对中国经济的影响也不小。中国对欧出口还将面临一个更大的问题，即欧盟贸易保护主义。在紧缩政策大行其道的情况下，指望消费和投资带动经济增长已不现实，更多国家重拾重商主义政策，将出口看作摆脱危机的最主要手段。市场日益庞大的中国既被欧盟视为主要的市场竞争者，又被看做出口的希望所在。所以欧盟一方面大搞贸易保护主义，试图减少中国产品对本地产业的冲击，2011 年以来，欧盟贸易保护主义动作不断。2011 年 5 月 14 日，欧盟决定对中国高档铜版纸征收 8% — 35.1% 的反倾销税及 4% — 12% 的反补贴税，欧债危机对中国经济的影响，开创了欧盟对中国产品实施“双反”的先例，目的是遏制中国产品在价值链上的快速攀升势头。2011 年 9 月 15 日，欧盟宣布向中国制造的瓷砖课征惩罚性关税，以“保护欧盟制造商免于中国出口商的削价竞争”。未来中国的浴室、厨房瓷砖和地砖，在进入欧盟时将面临 26.3% — 69.7% 的反倾销税，反倾销税将维持 5 年，而制造商可以要求继续延长到 2016 年之后。欧债危机虽然增加了欧盟对中国的需求，但实际上双方贸易纷争也在增多。

欧美经济增长每下跌 1%，中国出口增长就要下跌 6%，大宗商品价格的下跌会直接冲击中国能源和原材料企业的利润、生产和投资。而全球股市和大宗商品价格下跌，又将会增加经济下行的预期，打击国内投资者信心。这虽然对缓解中国的通胀有短期好处，但如果欧美经济陷入衰退，本来已经在宏观调控之下减速的中国经济，也将会面临更大的风险。

欧债危机让我们看到，相对于疲弱的美元、信用评级被降的美债，欧债更不能让人放心。欧债危机如果进一步恶化，欧洲经济必然会大受影响，欧洲国家的消费信心和实际的消费都会大为减少，这将对欧洲的需求造成直接冲击，并通过贸易渠道影响中国。

同时，在汇率方面也会对中国出口企业形成较大的冲击。如果欧元持续疲弱，人民币汇率相对升值，这将对中国的对欧出口造成压力，汇率升值会吃掉本来就不多的出口利润。如果今后中国继续调减出口退税政策，估计相当一部分出口企业可能做不下去了。对于目前在产业结构调整压力之下的众多中国出口加工业来说，这无异于雪上加霜。

欧债危机的发生让我们每一个人都明白，任何一个经济体的发展都联系着其他经济，牵一发而动全身的态势已经不可避免，因此任何一个受到影响的人都应该运用智慧，摆脱危机带给自己的不利影响。

41.

热钱是怎么回事?

热钱，又称游资或者投机性短期资本，通常是指以投机获利为目的快速流动的短期资本，热钱进出之间往往容易诱发市场乃至金融动荡。热钱流动速度极快，一旦投资者寻求到短线投资机会，热钱就会涌入，而投资者一旦获得预期盈利或者发现投资机会已经过去，这些资本又会迅速流走。热钱的投资对象主要是外汇、股票及其衍生产品等，具有投机性强、流动性快、隐蔽性强等特征。

热钱形成也是有一定原因的。首先，二十世纪七八十年代，一些国家开始放松金融管制，取消对资本流入、流出国境的限制，使热钱的形成成为可能。其次，新技术革命加速了金融信息在全世界的传播，极大地降低了资金在国际间的调拨成本，提高了资本流动速度。再次，以远期外汇、货币互换和利率互换、远期利率协议、浮动利率债券等为代表的金融创新，为热钱提供了新的投资品种和渠道。这些因素加速了金融市场全球化进程，使全球国际资本流动总量大幅增加，热钱的规模和影响也随之越来越大。

热钱流入国内的渠道有很多。第一种是虚假贸易。中国国内的企业与国外的投资者可联手通过虚高报价、预收货款、伪造供货合同等方式，把境外的资金引入。第二种是增资扩股。以“扩大生产规模”、“增加投资项目”等理由申请增资，资金进来后实则游走他处套利；在结汇套利以后要撤出时，只需另寻借口撤销原项目合同，这样热钱的进出就很容易。第三种是货币流转与转换。市场上有段顺口溜可说明这一热钱流入方式，“港币不可兑换，人民币可兑换，两地一流窜，一样可兑换”。国家外汇管理局在检查中发现，通过这种货币转换和跨地区操作的办法，

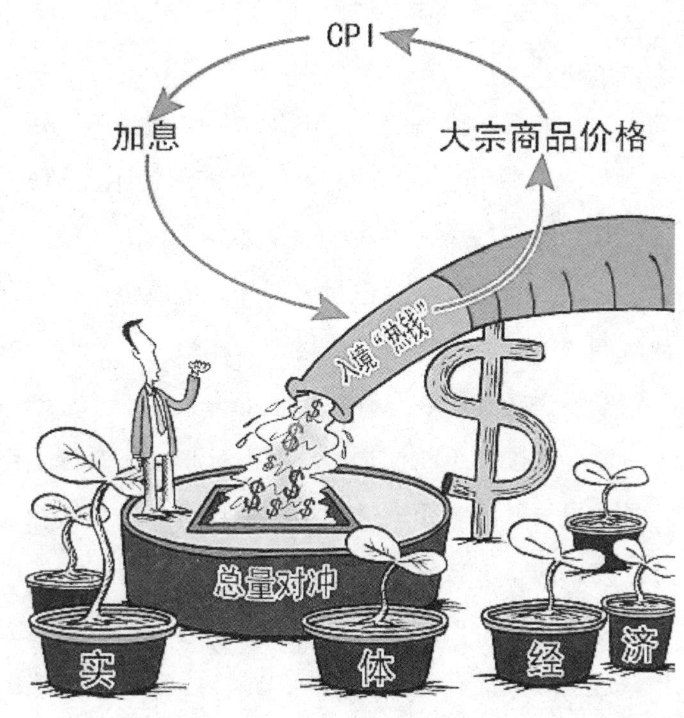

也使得大量热钱“自由进出”。第四种是地下钱庄。地下钱庄运作是这样的：假设你在香港或者境外某地把钱打到当地某一个指定的账户，被确认后，内地的地下钱庄自然就会帮你开个户，把你的外币转成人民币了，根本就不需要有外币进来。

热钱侵袭，会给国家带来不少危害，这些危害主要有：

一是热钱对经济造成推波助澜的虚假繁荣。热钱在赌人民币升值预期的同时，乘机在其他市场如房地产市场、债券市场、股票市场等，不断寻找套利机会。二是造成股市震动。据有关资料显示，2008 年以来 A 股市场与国际股市联动密切，证明有大量热钱在我国股市上活动。我国外汇储备减贸易顺差的值与上证指数呈现出一定的正相关性，由于热钱进出频繁，放大了股市的震荡幅度和投资风险，不利于证券市场平稳健康发展。三是加剧楼市泡沫。由于我国房地产市场发展时间不长，尚未

形成完整有效的市场管理机制，境外热钱流入我国房地产市场，容易刺激房价增长过快，受其影响境内居民往往跟风入市，热钱汇集将房价越炒越高，与真实价格脱离，出现房地产泡沫。尤其是热钱主要投资于高端市场，如高档住宅及其他豪华地产等，而我国境内居民需求则以普通住宅和经济适用房为主。因此，加剧了我国房地产市场开发供应结构不合理，使大量资金过度追逐房地产，造成银行房贷规模快速扩张，贷款风险向银行转移，房地产价格泡沫指数上升。四是扰乱金融秩序。大量热钱的侵袭加速了我国外汇储备的增长，而外汇储备的增加必然带来外汇占款的增加，不断增加的外汇占款形成了基础货币的内生性增长，央行被迫投放基础货币。五是增加信用难度。热钱在我国的主要藏身处，除通常的股市和楼市外，还有大量热钱藏身于中国的商业银行。热钱有可能就趴在银行的账户上坐等人民币升值，以获得可观的投机收益。这样，这些热钱大量地流入流出，显然会加大各商业银行的信用调控难度，破坏信用的稳定。

未来，热钱涌入中国将很可能成为常态。因为美元、欧元很可能保持较为宽松的状况，这会带来全球性的流动性过剩；同时随着中国经济实力的壮大，劳动生产率的不断提高，人民币对各主要货币存在长期升值压力，国外投资者会长期看好人民币，而人民币也正被国外中央银行等机构认为是长期的储值货币，能在相当程度上取代美元。在这种情形下，人民币在境外势必会形成一定的流通规模，并且，这些境外流通的人民币也不可避免地会返回境内寻求投资渠道，这也是资金流入的另一种方式。

应对热钱涌入最根本的措施，就是不断扩大中国资本市场的规模，包括股票、债券等一系列金融产品的规模。目前，中国资本市场的规模已经进入世界三甲，但因为中国的货币存量已经高达10万亿美元，位居世界第一，同时，中国又在不断吸纳各种资金流入，从客观上讲，中国资本市场仍然需要不断发展壮大。只有在总体规模不断扩大的基础上，中国资本市场才能保证资产水平不至于出现泡沫，不至于与境外资产价格过分脱节。而这也能在很大程度上化解热钱涌入的风险。如果把中国经济比作一个水库，那么，不断涌入的热钱就相当于流入的水，我们现在应当扩大水库的库容，让水位与外界基本齐平，防止暴涨暴跌，防止形成堰塞湖。

在热钱不断涌入中国之时，我们的另一个重要措施就是积极探索国内企业和居民获得外汇储备、将人民币资产转换成外汇资产出国投资的途径。显而易见，这一措施可以带来资金的双向流动，让热钱的流入和资金的流出之间形成一个合理的均衡机制。更重要的是，我们希望，出国投资的资金能够获得比流入热钱更高的回报，从而以海外的高回报对冲境内投资的较低回报，从整体上提高中国经济投资主体的投资效率。这也是促进资金双向流动和人民币国际化的重要措施。

第九章

金钱、自由与幸福感

当人们获得财富的最初阶段是幸福和高兴的，但是这种幸福会一直持续下去吗？财富越多，幸福感越强吗？这个问题的解答似乎那些富翁更有发言权。面对财富的增加，人们该如何面对金钱？是被奴役，还是为我所用？我们的确应该在浮躁的社会里认真思考。

- 钱多，幸福感就强吗？
- 怎样才能成为金钱的主人而非奴隶？
- 明天，靠什么支付我们的养老金？
- 怎样才能真正藏富于民？

42.

钱多，幸福感就强吗？

解读了货币的种种密码，了解了“钱”的过去和将来，我们还是要回到一个终极的问题——货币和幸福是什么关系？

很多人都认为只有有钱才能获得幸福，而现实是有钱人都说自己不幸福，或许这就是有钱人的“围城”效应吧。关于这个话题可以从很多个角度阐释，但为了更加符合本书的主题，我们主要还是从经济学的视角来看这个问题，希望能给大家耳目一新的感觉。我们的直接感受是，货币是财富的象征，而财富能给人带来很多的效用和满足，这也就制造了幸福。所以，通过货币的积累是可以得到幸福的。

研究显示，年收入7.5万美元是美国人幸福的基准线，一个人的收入越是低于这个基准，越是感觉不幸福。如果年收入高于7.5万美元，无论高出多少，人们的情绪状态都不会有太大改善。但是，高额的收入由于与社会评价相关，能够提升人们的成就感和满足感。换句话说，收入超出7.5万美元越多，人们越感觉生活富足和成功，从而得到更深层次的自我价值实现的满足，也就是第二种层面上的幸福。

货币虽然能带来幸福，但是并不意味着我们可以通过追求收入的最大化，从而达到幸福的最大化。在这方面，美国著名经济学家萨缪尔森有一个幸福公式：幸福＝效用/欲望。幸福与效用成正比，与欲望成反比。效用的大小就可以用货币来衡量，即只要有了钱，就会有电视机、洗衣机和高级家具，就有高质量的物质生活，货币所带来的效用就能增加人们的幸福感，但另一方面，欲望会慢慢吞噬你的幸福，无限的欲望甚至会使得幸福感趋向于零。在日常生活中，我们不难发现，随着收入的增加，一些人对物质的需求越来越多，欲望不断膨胀，想赚更多的钱，甚至想去当大官。面对无限的欲望，资源则是稀缺的，欲望往往得不到满足，这会非常痛苦，即使得到满足后，也会有更大的欲望，幸福也就无法实现。

这就告诉我们，只有当效用和欲望相互协调时，我们的幸福才是最大化的。如果我们的货币能给自己带来一个单位的效用，我们的欲望也是一个单位，即我们虽然不富足，但也不会因为目前买不起很多东西而苦恼。这时候，我们的幸福程度是百分百，如果我们的货币能给我们带来 50 单位的效用，但是也激发了我们 100 单位的欲望，那么我们的幸福程度只有 50%。所以，贫穷时可以获得幸福，富裕时也能拥有幸福。关键是在不断追求收入增长获得效用的同时，我们还要不断地调整欲望，以求达到两者之间的平衡，这样幸福才不会离我们太远。

比起 30 多年前还没改革开放的中国，如今的中国人有钱了，而且有钱人越来越多。这已经成为不争的事实。但是，我们的多数人还是不幸福，这是为什么呢？复旦大学教授钱文忠说："我们这个民族曾经有自己的信仰，比如孝道，比如温良恭俭让，但今天，除了我的这个姓——钱之外，什么都不信。"

在今天充满欲望的繁华都市里，总是为了兜里缺钱而焦虑烦躁的人们大有人在，为了得到更好的生活，想要更多的钱，于是更加努力地工作，然后维持更高水平的花销，结果反而更加为钱焦虑。他们愿意相信，只要取得事业上的成功，只要有更多的钱，一切问题就都会得以解决。但现实不是那样，这种高收入必然带来高幸福的观点，很多时候只是我们的一厢情愿。当住房和食物这些基本需要得到满足之后，额外的财富很少再能增加人们的幸福感。一年挣 3 万元的人和一年有 30 万元收入的人相比，在幸福感上的差别非常小，只不过许多人对此都并不了解。

当代社会，在大部分人的心目中，财富等同于金钱，或者说财富等同于物质。但是财富仅仅指的就是物化的东西吗？其实财富可以包括精神的满足、信仰的拥有，还应该包括人生的辉煌、身体的健康等。原本我们的财富观念很丰满，但这改革开放以来的30多年间，出现了财富的物质化。应该说，我们越来越不幸福的原因是，我们自身的观念出了问题。当代社会人们对某些概念的认同发生了变化，社会往往被物质的东西所标榜，有车、有房、有存款才是成功。物质改变着每一个人的行为准则，甚至有的时候是在践踏自身尊严的基础上取得成功。如《北京爱情故事》中的石小猛为了物质的东西而放弃了自己坚守五年的爱情信仰，这反映的不仅仅是个案，而是一个时代的问题。

其实，在生活中往往有许多积极的、好的方面，但许多人却忽略了它们，“只看到自己的不幸，忽略了自己的幸福”、“放大了别人的幸福，缩小了自己的快乐”是其真实写照。在经过多年冲刺般的财富赛跑后，一些人除了赚钱，不知道人生中的目标与追求到底是什么，甚至不知道自己究竟想要什么。这种缺乏信念与理想的状态，难以产生长久、快乐的幸福感。现代人把主要精力都投入到竞争中，比职位、比房子、比财富……比来比去，人们的心里只剩下欲望，没有了幸福。一旦人追求的不是如何幸福，而是怎么比别人幸福时，幸福也就离你远去了。美国哈佛大学一项研究曾显示，在生活中多去帮助他人，能让自己感到更快乐。但现代社会中，乐于无私奉献的人越来越少，斤斤计较的人越来越多。如果你总算计着“我能从中得到什么”、“做这件事值不值得”，就会生活得很累。俗话说“知足者常乐”，但能知足的人越来越少了，有了房子想换更大的，有了工作想换更好的，有了钱想赚得更多……这些欲望，指使着人无休止地奔波劳碌，硬撑着去争取登上那“辉煌”的顶峰。当前社会虽然通讯高度发达，但人们的心灵却渐渐疏远了。现在的人越来越倾向于“右脑”思维模式，而右脑掌管个体、权力、地位等，对于

幸福的感受度几乎是零。幸福感来自于左脑的感受，很多时候不是生活中的幸福少了，而是人们不再掌握感受幸福的能力。购房、子女养育、家庭养老负担等问题，因对职场晋升空间感到担忧而产生的工作压力，朋友同事之间人际关系的处理等，都成为了中国人的“压力源”。在大城市中，无论老人、年轻人还是孩子，多处于一种烦躁不安的焦虑状态，这让人们无法从心底感受到幸福。

但是，是不是钱越多越好呢？

诺贝尔经济学奖获得者，心理学家 Daniel Kahneman 曾感慨过：刚工作时挣的那点儿钱最让我们高兴，因为最初挣到的钱给人们增添的快乐最多；而随着钱越赚越多，快乐的增加则趋于平缓，但我们为了高收入而付出的紧张、压力和烦恼却越来越多。

国内著名心理学家赵国秋教授也曾说，从心理学角度讲，金钱数量和人的幸福感并不完全成正比，而且有时钱多了反而会陷入较大的痛苦中，出现“富裕的烦恼”。他认为个人年收入在 3-8 万元时，收入高低和幸福度成正比；当收入超过 10 万元甚至更高时，金钱对幸福度的贡献就不是完全成正比关系了，到达一定高度后甚至可能反方向发展。也就是说，挣钱所带来的好感觉，在达到一定程度时，其边际效应是递减的。看来，幸福与财富的多少，并非绝对成正比。事实上，超级富翁的一个共识是，“金钱可以增强，也可以削弱幸福感，取决于如何使用财富”。

一个饥饿的人吃第一个馒头会感到很香甜，吃第二个的时候感到很满足，吃第三个的时候感到很饱胀，若再吃第四个、第五个就是负担了，快乐全无。人们从获得一单位物品中所得到的追加的满足，会随着所获得的物品增多而减少。同一个人在不同时间里会有不同的感受，同样的物品对处于不同需求状态的人，其幸福效应也是不一样的。人们对同一事物幸福的感觉，会随着物质条件的改善而降低。这就是幸福递减定律。

随着财富达到一定程度，金钱对于幸福的作用力突然显著下降了。因为在一定的收入和资产水平上，钱的数量仅仅变成了一个纯数字，对个人和家庭生活已经起不到“质变”的作用。金钱，对于一个富翁的直观幸福感提升作用，已经远远不如它对一个职场新人的幸福提升作用。多项研究表明，在“衣食足”的人群中，财富的多寡，与主观幸福体验的关系很微弱。或者说，在达到舒适温饱之后，财富的增加所带来的幸福感会越来越弱。正如一个研究者所形容的，开奔驰上班的人，并不一定比坐公车上班的人幸福很多。而极少数巨富的人群的幸福感，仅仅比一般人稍高一点，而他们的财富却远远超越普通人群，财富和幸福感不成比例。从马斯洛需求层次理论来看，富人们到后来获取财富的目的已经不是满足第一层次的生理需求，而是寻求最高层次的自我实现了。从实现自我的程度上来说，超级财富的增长，还是很能提升幸福感的。

不可否认，财富和幸福感，确实有一些正相关关系。比如，跨国跨文化比较研究表明，一些富裕国家中对生活满意并具有幸福感的人的比例高些，如瑞士和一些斯堪的纳维亚国家。但当经济指标超越一定限度，财富和幸福感的正相关关系便消失了。多国比较研究发现，人均产值

8000美元以上的国家中，财富和幸福感之间没有任何相关关系。而且，从时间上讲，经济的发展和相应的收入增强，并不带来相应的幸福感的提高。

那么怎样才能做一个有幸福感的有钱人呢？

其实道理很简单，作为朴素的中国人，把已经丢掉的老祖宗的那些优秀文化传承下来就可以了，比如信仰、文明、审美、道德、伦理，只有这些东西才能让我们的财富成为真正健康而圆满的财富。如果我们拥有的所有物质财富不是为了兑换成这样一种终极财富的话，那么，我们的财富除了让我们担心外，不会有什么其他的效果。当拥有了真正的财富之后，才有可能把财富变成幸福。

人生如戏，戏如人生。如果不希望经常在大喜大悲中过活，而是希望寻求平静和谐的生活质量，那么，在追求财富的过程中，我们应该努力做一个稳当的“长跑冠军”。

金钱是我们改善生活状态的工具，掌握驾驭现有财富的能力，才能让金钱成为我们忠实的仆人。有句意大利谚语叫做：让金钱成为我们忠心耿耿的仆人，否则，它就会成为一个专横跋扈的主人。幸福不在于财富物质金钱的多少，而在于拥有者保持平和心态、自觉节制欲望、惜取眼前人。欲望越少，交易越少，疾病越少，幸福快乐才能越多，幸福的花儿才能自由开放。

经济的繁荣很可能会促使越来越多的人独立生活、独自工作和独自娱乐，但却使越来越多的人正在失去更具有价值的人与人之间的亲密关系。人与人和谐相处是最快乐的，人类需要人与人之间亲密的联系。

43.

怎样才能成为金钱的主人而非奴隶?

人生活在世界上，必然离不开金钱。钱对推动人类进步与发展起着不可替代的作用，在人类文明史上有着重要的地位，它是满足人们物质和文化生活所不可缺少的元素。金钱对于每个人来说都有着不可抵挡的魅力，它是物质财富的“身份证”。可悲的是，人类创造了金钱，到最后有些人反而容易被金钱所奴役。成功学大师卡耐基曾说过：“人类70%的烦恼都跟金钱有关，而人们在处理与金钱的关系时，却往往格外地盲目。”

有这样一个典故十分有意思：

赵四去挑水，看见一只金苹果飘来，“扑通”一声掉到了井里。赵四一看，惊讶得张大了嘴巴。只见金苹果好像在他眼前晃来晃去，并且越晃越大，像一座小山，然后小山又变成了金碧辉煌的宫殿，他舒服地住在里面，享着清福。可是忽然，他眼前和脑海一片模糊。“扑通”一声，赵四掉进了深井，不一会儿就淹死了。井里的一条小鱼说：“唉，财迷心窍，有时会枉送性命的呀！”

王六去挑水，也看见一只金苹果飘来，同样掉到了井里。王六心想：“这回我发大财了！”就跳下水去捞金苹果。王六的水性好，不一会儿就把金苹果捞起来了。发了财的王六，建起了豪华宅院，过上了富裕的日子。一家人因为不劳动，丧失了生存的本领。后来，金苹果被花光了，王六一家人沦为乞丐。

陈二去挑水，看见金苹果飘来掉进了井里。陈二想："村里的人穷，孩子们没有学堂上学，我如果把苹果捞起来去建学堂，那么孩子们就有读书的地方了，岂不是功德无量吗？"于是陈二唤来村里的人，一起把金苹果捞起，建了一所学堂。村里的孩子有地方读书了，后来这个村走出了很多能人，村子也成了有名的文化村。后人为了纪念陈二的功德，就在村口为他塑了一尊铜像，手里捧着一只金苹果，受到了当地人世世代代的敬仰。

正如一位哲人说过："人类精神升华到最高境界的标志就是从金钱中获得解放。"

很多人只知道为金钱而拼命工作，以致一生都在财务困难中挣扎，他们盲目追求社会上所推崇的"致富之道"，而缺乏理财的技能。曾经有一个被人说滥了的"中国老太太和外国老太太"的故事，她俩由于生活观念不同而带来截然不同的人生结果：外国老太太从年轻时就超前消费，支出未来的钱，生活虽十分紧张，但却充实而快乐，到死恰好把银行的各项贷款都还清，安然地闭上了眼睛；而中国老太太从年轻时就开始省吃俭用，一生劳碌，最终给子女留下一笔可观的遗产，孝顺的子女为她举办了风光的葬礼，可她生前几乎没有享过什么福。

两个老太太同样的付出，努力挣钱，可是一辈子的生活质量却完全不一样。我们每个人都必须认真思考，是做金钱的主人还是做金钱的奴隶？是一辈子都在金钱的泥沼中挣扎，还是让金钱成为我们幸福快乐的源泉？

真正具备生活智慧的人不是苦行僧，他们会追逐财富、享受财富，而不会做金钱的奴隶。对财富、金钱的不懈追求并没有什么错，只是一个真正懂得生活的人应该明白，生命里不是只有赚钱这一件事，还有很多重要的东西，如果让赚钱本身将生活填得满满当当，容不下其他，即使有再多的钱，好日子也不会到来。我们要获得金钱，驾驭金钱，让金

钱帮助我们生活得更快乐、更舒适，成为我们生活幸福的手段，而不是我们生活的全部目的。因此，无论在赚钱的过程中，还是赚到钱之后，都应当以正确的态度去对待金钱，不要为物欲所困。所谓“跳出三界外，不在五行中”，就是要做金钱的主人，具有超脱金钱、驾驭金钱的能力。让金钱为人服务，不能仅仅为了金钱而牺牲健康的身体和幸福的家庭。否则，等你失去了它们的时候，再多的金钱也无用。把赚钱当做一种乐趣，享受赚钱带来的快乐心情、幸福生活，你的世界可以更美好！

美国富豪洛克菲勒，一生对财富孜孜不倦地追求，一点儿小的投资失误，都会令他痛不欲生。他50多岁的时候，全身到处都是病，心力交瘁，仍然念念不忘对财富的追逐。在一次大病后，医生警告他，再这样下去，将来时日无多，洛克菲勒终于让自己的心灵在疯狂的赚钱中停了下来，他苦思了一周。病痊愈后，他终于明白了，生命中应该拥有的不仅仅是钱。此后，他像完全变了个人似的，大把地将自己的钱捐助给公益事业，

今天的青霉素，就是他捐钱资助研究的成果，而他本已非常糟糕、临近崩溃的身体，却奇迹般地好转，最终他活到了古稀之年。

英国著名哲学家培根曾经说过：“金钱是很好的仆人，但在某些场合也会变成恶主人。”当你成为金钱的奴隶时，你就会迷失自我；而当你只把金钱看作生活的工具时，你就会接近幸福。金钱对葛朗台似的守财奴而言，只是一串数字而已，甚至到死都无法体会到金钱本该带给自己的快乐。而对有理智的人而言，金钱应该是随时可以支配的物质力量。金钱本身是没有任何力量的，它完全因掌控者的力量大小而释放自身的力量。因此，我们没有理由责怪金钱的善变和易逝。只有掌控者领会了金钱的真谛，成为金钱的主人，才能做到“不以物喜，不以己悲”。面对金钱，我们应该始终保持清醒的头脑，坚守底线，不要过于痴迷而不能自拔，不要“心为形役”，何不淡然一点、洒脱一点。挪威剧作家易卜生说过：“金钱能买来食物，却买不来食欲；金钱能买来药品，却买不来健康；金钱能买来熟人，却买不来朋友；金钱能用来奉承，却带不来信赖。”

但是，我们的衣、食、住、行样样都离不开钱。并且，我们学习所需的辅导书、出门旅游、创建企业或公司周转都不能没有钱。除此之外，金钱还能使我们去帮助他人。既然它对我们这么重要，那么，我们应怎样使用它呢？

第一，要树立正确的金钱观。有些人一辈子为金钱而焦虑，而有的人却可以轻轻松松地获得金钱。这是为什么呢，难道是上天执意这样安排的吗，有的人面朝黄土背朝天，辛苦耕作一辈子，到头来还是不能解决温饱问题，而有的人却可以挣很多钱，这其中的差异主要在哪里呢。美国石油大王洛克菲勒高中读到一半就辍学了，一个重要原因是他父亲反复地给他灌输了金钱和商业意识；人生只有靠自己，获取财富要趁早。他父亲只要有时间，总是不厌其烦地向他灌输这些知识。洛克菲勒深受父亲影响，决定辍学从商，他对这个多彩的世界向往很久，年轻的他很想通过自己的努力，成为一个富有的人。大家要明白，珍视财富与做金钱奴隶是两码事，应该正确对待，否则，财产就会成为包袱，看起来你好像是有了钱，实际上它却使你受到牵累。做金钱的奴隶是人生的“杯具”。钱是人们生活中必须要打交道、必不可少的东西，因为金钱是如此重要，最终对人类的人格与生活态度造成了巨大的影响。

第二，金钱本身并没有善恶之分，而人心则有善良和邪恶。我们总是听到一些人说金钱是万恶之源，其实只有那些持有消极心态的穷人才这么说。因为这部分穷人认为自己无法获得和支配金钱，于是就心生嫉妒，总是对金钱抱有牢骚。只有对金钱持有积极心态的人，才能看到金钱是美好的。人们有了钱可以满足自己的物质和文化需要，可以用钱做自身的投资，可以用钱实现自己服务社会的心愿，并且提供从事公益事业的机会。钱本身是无罪的，只是有些人对钱的本质进行了曲解，自身也留下了无尽的痛苦和悲哀。金钱本身并无善恶之别，而是取决于使用金钱的人如何来运用它。

第三，对金钱要有平常心。从经济上讲，金钱增加所形成的幸福感的边际产出是存在临界点的，在超过一定临界点后，就可能是递减的。只有积蓄追加非金钱的因素的投入，才有可能使幸福感继续增长。生活中我们孜孜以求地去获取它，当失去它的时候，也不会痛不欲生。怀有对钱的这种平常之心，你就一定能在惊涛骇浪的理财生活中驰骋自如，临乱不慌，取得稳操胜券的效果。就把金钱看做一种可以让你顺利过生活的基本要素吧，看做一种工具，借此工具，你可以做想做的事，可以拥有一些能带来喜悦的东西，可以去体验一些增强自己能力的事情。而这一种工具只是你身外之物，不必为它去太过在意，保持一颗平常心就好。

第四，切勿让贪欲引入歧途。在追逐财富的过程中，一些人忘了金钱以外的东西，而最终失去了最重要的东西。我们承认金钱就是力量，但不等于信奉金钱万能。你应该首先端正自己看待金钱的态度，做到不恐惧，不贪婪，才能从容面对前进道路上的陷阱和诱惑，最终拥有自己的财富。

第五，要学会用钱换更多的钱。穷人之所以穷，就是因为财商不高。那在对待钱的问题上，穷人和富人的财商有什么不同呢？其实，所有的有钱人都有一个共同观念，就是用钱去换取更多的钱，而不是让你的钱在仓库里生锈、发霉。要想成为一个真正的富人，就要让你的钱去换取更多的钱，做一个投资者。正确投资是一种好的习惯，养成这个习惯的人，命运也许从此改变。

44.

明天，靠什么支付我们的养老金?

“人活着，钱没了”，未富先老已经成为我国现代化进程中极大的隐患和挑战。近年来各方面的研究都表明，中国老龄化速度之快前所未有。根据联合国人口老龄化的标准，一个国家60岁及以上的老年人口占人口总数的比例超过10%，或65岁及以上的老年人口占总人口的比例高于7%，这个国家或地区就进入了老年型社会或老年型国家阶段。据统计，截至2011年底中国60岁以上老龄人口已达到1.85亿，占人口总量的13.7%，预计到“十二五”期末，将达到2.21亿。

而根据联合国最新的人口数据预测，2011年以后的30年里，中国人口老龄化将呈现加速发展态势，60岁及以上人口占比将年均增长16.55%，2040年60岁及以上人口占比将达28%左右。在这30年里，中国开始全面步入老龄化社会。到2050年，60岁及以上老人占比将超过30%，社会进入深度老龄化阶段。到2039年，我国将出现不足两个纳税人供养一个养老金领取者的局面，这被称为“老龄社会危机时点”。然而，在这场关注老龄化的浪潮中，争议最大也是最直接的，当然是养老金“钱”这个问题。

但是，全球经济就业方式的彻底改变，也给养老金体系带来了诸多压力。比如全球妇女就业人数剧增，而同时离婚率也在大量增长，这导致了此前为不间断工作的全职人员设计的养老金体系已经不能适应这一变化。另外，再加上各国预算赤字的增大，以及此前金融风暴对经济的重击，许多国家的养老金都已经不同程度地处于风雨飘摇之中。尤其是对于那些高税收、高福利、低生育率的欧洲国家来说，以前享有丰富福利的好日子将一去不复返了。

随着全球老龄化规模迅速膨胀，各国采取了包括加大养老金投资力度、为老年人提供就业机会、提高退休年龄等多种措施，力求解决维持老年人生存的养老金短缺的严重问题。

韩国的养老保障制度是“国民年金制度”，参保对象为18岁以上的国民。参保人员须按一定比例交付保险金，缴费满10年以上者，满60岁时就可以开始领取“老龄年金”。“国民年金”由韩国国家养老金服务公司（NPS）掌管，该公司拥有资产约314万亿韩元。为确保越来越多的退休人员每月能按计划领取养老金，NPS的首要任务是保证“国民年金”升值，进入资本市场是NPS投资组合的一个重要组成部分。NPS是目前韩国资本市场规模最大的固定收入投资机构，但韩国资本市场规模限制了NPS在国内的投资机会，2010年底韩国股市上市公司总市值刚刚超过1000万亿韩元。NPS已计划在10年内将海外投资比例提高到30%。韩国国民的养老金已经伸到了海外市场。

日本国民养老金的缴费率目前仅为60%，从2011财年开始，现收现付的日本养老金体系将出现2.5万亿日元的缺口。为改善老年人生存状况，日本社会提出一个新口号：“让老年人加油！”目前日本各城市“银色人才中心”如雨后春笋般涌现，总计有上千家，政府部门给予该机构资金和政策上的扶持。秋田贞夫是东京葛饰区“银色人才中心”的事务长，他介绍说，60岁以上的老人只要身体健康、有劳动意愿，每年缴纳2000日元会费即可成为会员，中心负责给老人介绍工作。该中心目前有3000多名会员，年龄多在60–70岁。

美国养老保险制度实行的是多层次退休金支付模式，采取政府“社会保障退休金”与企业“私人退休金”相结合的措施，同时鼓励个人购

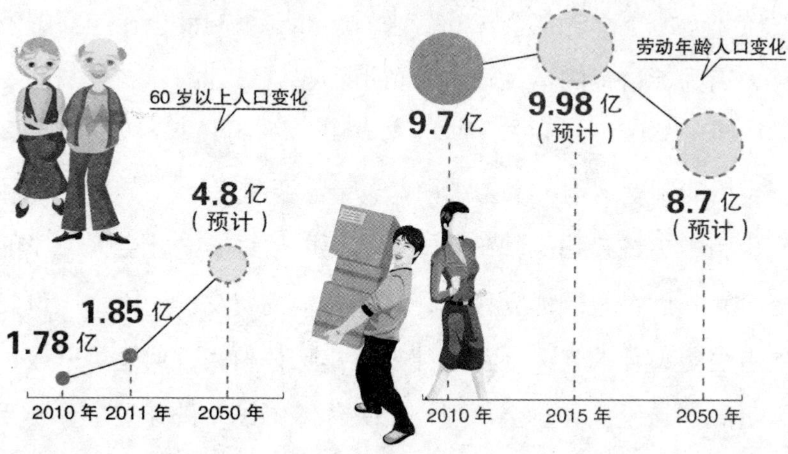

买储蓄性保险。政府“社会保障退休金”由企业和雇员按雇员工资的一定比例强制性缴纳，该保险项目目前覆盖了大约 95% 的职工。养老保险基金采用现收现付模式，即在职人员交纳的社会保障税，提供给退休人员领取养老保险金。企业和个人缴费记录达到 10 年、退休人员年满 65 周岁以上，才能领取养老保险金。金融危机爆发后，平均退休年龄提高到了 67 岁。

随着老龄人口数量不断增多，美国领取养老保险金的人数在逐年增加，而纳税人口却在减少，供需缺口越来越大，社会养老保障体系面临严峻的挑战。美国政府统计数据显示，未来 20 年内，65 岁以上符合享受联邦医疗保险的人数，将从 2010 年的 470 万增长到 800 万；67 岁以上符合享受联邦养老金的人数，将从目前的 440 万增长到 730 万。这两项花费占美国国内生产总值（GDP）的比例，将从 2010 年的 8.4% 增长到 11.2%。养老金收支失衡已让美国财政负债持续上升，把美国联邦社会保险推到濒临破产的边缘。

那么应当如何面对老龄化带给我们国家的养老金不足问题呢？

一方面，解决养老问题要最大限度地把政府、企业、个人能力和市场融资都利用起来。在一些西方国家，国民年金水平在过去很高，但最近二三十年有所下降。从全球趋势来看，养老金制度也在趋向国民年金低保化，因为不这样的话，政府也负担不起。最好的养老金制度安排就是用“中央统筹国民基础养老金”来克服贫困，用“个人储蓄养老金”来改善生活的制度结构。个人账户养老金需要制度化、市场化、全民化。

首先，中央统筹国民基础养老金，可以通过养老社会保障税的方式筹集资金，然后在全国建立预算，按照各地消费支出的固定比例发放，发给所有法定退休的老人。从法律上不排除任何人，但是可以鼓励那些高收入者放弃自己的养老金。建立中央统筹国民基础养老金，要逐步降低公务员和事业单位退休金的支付水平，在未来二十多年中，争取与国民基础养老金对接，将退休金变成基础养老金。从操作上来讲，应该从现在开始，公务员和事业单位建立个人职业养老金账户，单位和个人都要缴费。而从退休开始，个人账户也要支付养老金，也可能只支付 1 个百分点，替代率不用太高。但随着退休金的下降，用职业年金来补充，用财务缓冲的方式，使公务员和事业单位的退休金也变成基础养老金。

然后再与现在的城乡政府养老补贴、企业职工的基础养老金三者进行对接，成为国民基础养老金。这样，使公务员、事业单位建立的职业年金和现在的基本养老保险的个人账户、企业年金全部合并为个人账户。要争取让前台动静不要太大，后台财

务平稳对接，这样的制度才是养老金制度走向科学、公平最好的办法。

另一方面，我们所有人工作一辈子不可能只为了吃饭，那样的人生就太灰暗了。所以要建设第二个制度，叫做个人储蓄养老金，让所有人在一生中根据不同的情况储蓄养老，比如有两套房子，其中一套用于养老。

建立个人储蓄养老金有几个条件：一是要有“税优”待遇，就是延期征税。养老储蓄不能当期征税，因为养老金账户的钱要等到退休以后才使用，不能算当期收入，不能征收当期收入所得税，我们把这个叫老年红利。二是缴税标准。企业应拿出一部分钱存入职工个人账户，可以叫做职业年金。三是养老金托管。这要保证养老金的产权不转移，养老金投资最关键的是产权保护和受托人，要让养老金的财产是独立的。独立就意味着政府不能随便将养老金纳入财政使用，这是公共基金。四是养老金也可以买股票、基金、债券，但要做好组合，分散风险。五是控制通胀。如果通货膨胀严重，不仅我们的当前低收入生活受到影响，养老金也会贬值。

因此，养老金必须加快改革。改革拖得时间越长，养老金负债就会越大，人们积累的机会就越短，一旦到了老龄高峰期，就会出现老龄危机。中国政府和老百姓都要学会让养老金走出货币化，进入资本化。货币化的养老金只能让我们拿到少量的钱，然后用这些钱去换取生活物品，短期的问题解决了，但将来的问题怎么办？所以，养老金不仅要货币化，更要资本化，才能让老百姓拥有不贬值的养老财富。一是养老货币，二是养老资产，“货币＋资产”才能形成养老的财富。中国已经到了这样一个关键时刻，但最重要的是我们的政府要学习，要创新，老百姓也要学习。

除了上述措施外，发挥商业养老保险也是一种渠道。可以充分发挥商业保险机构的作用，进一步落实保险资金运用政策和实质性拓宽保险资金运用渠道，健全完善养老产业体系。

45.

怎样才能真正藏富于民?

这些年，中国经济的确发生了巨大变化，但是中国老百姓真的很富裕吗？先看看世界其他国家的藏富于民吧。瑞士的富有世人皆知，人均收入名列世界前茅，为世人所向往。在如此富有的国家中，政府的财政支出可丁可卯，稍有出入便会举债度日，当政府为社会或国家利益而力所不能及时，政府会与民间携手做好所有的事情。事实上，政府通过引导以及有限的行政手段，完全可以调动民间资金，而民间也乐于参与政府主导开发的项目。曾是飞速发展的亚洲四小龙之一的韩国，民间投资的发展在政府的支持下突飞猛进，数十年时间跻身发达国家行列，国民迅速地富裕起来，生活水平大幅度提高，各行各业如日中天。可是天有不测风云，当亚洲金融危机降临头上时，韩国国民纷纷响应政府号召，捐出外汇存款及金银细软以助国家迅速从危机梦魇中摆脱出来。藏富于民不仅是对个人利好的事情，也是对国家和社会积极有益的事情。

而如今中国的藏富于民却存在较大问题。

第一，政府财政从民间“杀鸡取卵”太多，牺牲太多民间的致富机会。根据中央财经大学民间金融课题组 2006 年初对 27 个省市借贷利率的调查，全国民间借贷利率平均为 16.4%，其中借款方以企业为多，这说明他们的资金使用后回报率至少在 16.4% 以上，远高于 4% 左右的国债利率。减税让更多的钱留在民间，显然会创造更多财富。

第二，过去二十几年，特别是 1994 年以后，相当一部分公债被投

到各类形象工程，或者是这些债券融资虽然没有直接投入形象工程，但间接地让政府一些挥霍性工程的上马成为可能，造成了大量浪费。比如，部分城市基础设施国债项目效果差，城建项目中有许多由于规划不当、管理不善、设备不合格以及工程质量缺陷等原因，存在严重的损失浪费问题。这些项目的投资回报是否赶得上国债利率，显然是个大问号。

第三，给政府部门更多的钱花，可能导致更多的地区间、城乡间以及社会群体间的机会不平等。特别是在缺乏实质性权力制约、财政预算过程又不透明的情况下，政府开支的分配很难做到公平、公正。

但是怎样才算藏富于民？如何做到藏富于民呢？

有人说：采取累进税率，削富济贫，进行合理的二次分配，算藏富于民。不过，就算进行好二次分配，恐怕也无法藏富。分来的钱多半就满足了消费，藏不住的，穷人靠此也未必富得起来，且不说这样做是否现实。

有人干脆认为这样也麻烦，应该学别的一些国家，直接将国家财富中拿出一部分给国民“发红包”好了。天上掉馅饼的事谁都想，但是对于中国而言似乎国家财富目前不少，只是中国人口太多，一除，每个人也没多少。概而言之，叫“分蛋糕”。但是国家一时有那么多钱分给大家吗？

解决藏富于民的问题最终要靠经济转型，这是很重要的一点。必须在相当长的一段时间内，不断提高劳动者的素质，淘汰低利润的工作岗位，发展高利润的工作岗位，增加工作岗位的技术含量，这才是藏富于民的正途。

藏富于民的高端途径是鼓励高新技术创业。国家在关键技术突破上要充当排头兵，在新能源、信息技术、生物技术、材料技术等各方面的核心技术开发上掌握引领权，但是在衍生技术的多点开发上，就要放手鼓励有高新技术开发能力的科研人员，给予各种支持。毕竟，只有创造一个良好的环境，才可能使得高新技术这种虽然依赖资本，但更依赖自由开放的创业全面开花。

藏富于民的中端途径是鼓励大量的企业利用自己的人力资源投入创造出有价值的品牌，提高现有产品的品牌竞争力，提高现有产品的技术含量，以创造更大的利润。这也需要更多地发掘企业对各种创意人才的需要，提高创意人才在员工总数中的比例。

藏富于民的基座则是鼓励创办有特色的小微企业，为逐步丰富的民众需求提供有特色的服务。这些服务涵盖生活的各个方面，从医疗保健、衣食住行、法律服务、文化娱乐以至旅游休闲。

当然，政府要以二次分配的手段，培育中间层，充实中间层，扩大中间层。因为，只有中间层扩大了，购买能力和消费水平才能大幅提高并维持稳定。中间层不仅是消费的主体，也是带动第三产业发展的主要力量。由于中间层消费量的扩大和消费水平的提高，从而增加服务产业人群，并引发水涨船高的增益效应。藏富于民也要不断培育大量中产阶级。中国将产生大量中小企业，分布在高技术开发、精分市场开发、品牌创立、物流服务、金融服务等主要为高端生产服务的中小微企业，其次才是服务于大众的服务企业。这一类企业的老板，构成中产阶层的核心。中产阶层的主干，则是那些怀有雄厚的知识储备，或者具有一技之长的脑力劳动者和体力劳动者，他们使各项创新得以实现。

对于国家，则是不与民争利，将那些技术含量更高的行业开放竞争，打破垄断。同时，逐步减税，完善福利保障，鼓励民众创业。说白了，就是不靠天，不靠地，靠我们自己的双手，靠推动经济转型来做到藏富于民。所以说到底，欲藏富于民，就要鼓励创富。不是自己动手创出来的富，归根到底，那是藏不住的。

真正让普通大众能够分享到国家的发展和社会的进步，藏富于民，才是真正的科学发展。无数中外历史证明，藏富于民，让每一个社会个体都成为财富的主人，这才是实现扩大内需和经济可持续发展的根本之道。事实上，只有从藏富于国走向藏富于民，百姓才有消费的热情，才有创新的积极性，国家才能最终长治久安。

藏富于民，利国利民。藏富于民可促进国家的实质性发展，可激发民间的致富心理和创业热情，可永葆国民的爱国热忱。藏富于民的现实意义在于，实质性贯彻改革开放的富民政策，消除贫困，增加国民消费支出的可持续性，提高人民生活水平，消化经济滞胀，减少腐败，消除社会不公的心理和行为，同时减轻巨额储备的管理难度。藏富于民的深远意义在于建立和谐社会，逐渐落实改革的目标，全民小康，共同富裕。